話說史記

歷史興衰勝負的癥結

蔡信發◎著

目錄

黃序

朱子嘗言，古史之體可見者，《書》、《春秋》而已。蓋沿孔子之說，理學家之言也。孔子曰：「疏通知遠，《書》教也；屬辭比事，《春秋》教也。」孔子並未論述其體也。《尚書》固為史體之原始，然不編年、不紀傳，原非史體之正宗，後世史家，步武者少，自劉（知幾）氏創六家二體之說，史書之體，於焉始備。《史記》首述紀傳之體，後世繼作，雖有更張，然相與因循，變改者少，自史遷之後，紀傳之體，史家無不宗之。《史記》實可稱為紀傳體之祖。

至其內容，則包舉大端，委曲細事，天文地理，典章制度，洪纖靡失。文約而事豐，辭簡而理富。論者曰：「史之善者，以敍事為工，敍事之工，以簡要為主。」此言得之。昔張輔〈名士優劣論〉曰：「世人稱司馬遷班固之才優劣，多以班為勝，余以為史遷敍三千年事，五十萬言，班固敍二百年事，八十萬言，煩省不亂，固之不如遷必矣。」然史遷非以創紀傳之體、敍事之簡要見長，其鈎元提要，據事直書，善惡自見，又具《春秋》之意也。班固稱其

「善序事理，辨而不華，質而不俚，其文直，其事核，不虛美，不隱惡，故謂之實錄。」劉向、揚雄稱遷有良史之材，良有以也。

然善述者，必有善讀者，始能推其隱義，彰揚其善美。吾友中央大學文學院長蔡信發教授，精文字訓詁之學，通史家之法，於史遷之書，玩索多年，又遇名師指點，盡得其心傳，其所著《史記》論文多篇，述史遷之史識，言而有據，事多徵實，推論韓信之不造反，尤得史遷寄褒貶於行事之義旨，至其文辭之條暢，尤爲餘事也。古云：「義理存乎識，辭章存乎才，徵實存乎學。」才、學、識，爲讀史必備之條件，蔡君可謂善讀史者矣。蔡君之文，自足傳世，不必藉人而重，余因得其文，先睹爲快，知其梗概，故略抵論之，讀者得無謂之多事者歟！

黃錦鋐

癸酉年清明節前一日拜述

弁言

教學、研究、輔導，是大學院校教授的本分，這是我忝任教職以來所信守不渝的。因此，我多年來再怎麼爲行政工作分神，這三項工作始終不敢懈怠；否則，本末倒置，主從不別，到頭來將會感得一片茫然，所忙何來？

近年來，我的研究工作偏重在《史記》與《說文解字》上。有關《說文解字》的撰述，其單篇論文都發表在學報與學術會議上，專著除已出版《說文答問》外，近期將有《說文部首類釋》付梓。至於《史記》前前後後寫了十多篇短文，除發表在報章雜誌外，也見之於學報及學術會議，其或論體例，或究章法，或言史識，或評人物，或探微義，或鈎奇異，雖未必能見稱於人，然自信尚能探索太史公心靈於萬一。因此，也就不計毀譽，輯集成册，付印問世，希能對自己有個交代。

太史公學究天人之際，通古今之變，宏識孤懷，成一家之言，豈是才淺識陋的我所敢相望？只是深慕其爲人，雅愛其奇文，因此，搦筆論述也就難離其左右，所以我對《史記》的崇敬，一如《論語》中顏淵對孔子的讚歎，是「仰之彌高，鑽之彌堅；瞻之在前，忽焉在後」。至於欲附驥尾而成名，則是萬萬不敢存此奢望。

拙著雖自愛，時人卻未必。因此，承萬卷樓不棄，予以剞劂，並承黃師錦鋐惠賜鴻文，冠於書首，內心感篆，至難言宣。時值出版前夕，不能免俗，謹綴數語，以表寸衷，然惶恐之情卻由此而生，且與時增，誠不知曷維其已！

鄞縣 蔡信發 謹誌於國立中央大學

中華民國八十四年歲次乙亥仲夏

「正史之父」太史公

前言

炎漢太史公司馬遷子長，撰《史記》，流傳千古，為世所重，實緣於其史才、史學、史識、史德、史品①之卓越不羣，而其體例之創，亦多可說。

撰當代之史書而不朽者，太史公係空前絕後

以當代人撰當代之史書而得傳世不朽者，於正史②作者中，太史公係空前而絕後。簡言之，專記西漢一代歷史之《漢書》，由東漢班固繼其父彪之志而作，其八表、〈天文志〉，由其

妹昭及馬續以成之；專記東漢一代歷史之《後漢書》，由南朝宋人范曄所輯，其十志，由梁劉昭取司馬彪《續漢書》之文以成；其後之《三國志》，由西晋陳壽所撰；《晋書》，由唐房玄齡等重加撰次；《宋書》，由梁沈約所撰；《南齊書》，由梁蕭子顯所撰；《梁書》、《陳書》，由唐姚思廉繼其父察之志而撰成；《魏書》，由北齊魏收所撰；《北齊書》，由唐李百藥續其父德林之志而輯成；《周書》，由唐令狐德棻等所撰；《隋書》，由唐魏徵等所修，其志由長孫無忌等所續撰；《南史》、《北史》，由唐李延壽所撰；《舊唐書》，由五代後晋劉昫等所撰；《新唐書》，由北宋歐陽脩、宋祁等所撰；《舊五代史》，由北宋薛居正等所撰；《新五代史》，由北宋歐陽脩所撰；《宋史》、《遼史》、《金史》，由元脫脫等所撰；《元史》，由明宋濂等所撰；《明史》，由清張廷玉等所撰；《新元史》，由清柯劭忞所撰。而太史公撰《史記》，上自黃帝，下迄漢孝武帝，尤其記西漢當代之歷史，能不虛美，不隱惡，秉筆直書，不避斧鉞，其人格之光明磊落，膽識之俊偉卓越，實令人讚歎不已，敬仰無限，故《史記》一出，代代沿之，正史之例，亦遂确立。

首創紀傳體，以人物為中心

編年史，以《春秋》爲濫觴；國別史，以《國語》爲嚆矢，後世襲之，難突樊籬。訖太史公泐《史記》，除融二體之長，以寫該書之本紀、世家，並首創紀傳體，以人物爲中心，兼寫本紀、世家與列傳，使史書體例爲之而丕變。歷史原以人物爲中心，時空爲經緯，紀傳體既可使人物突出，復可使時空不亂，則其對史學之獻替，堪稱無上。紀傳之例，約分有五：一曰單傳，以單一人物爲主而傳之，〈商君列傳〉等是也；二曰合傳，合人物關係密切而時或同或異者傳之，〈廉頗藺相如列傳〉、〈屈原賈生列傳〉等是也；三曰類傳，合人物性質相近而時則不一者傳之，〈循吏列傳〉等是也；四曰附傳，其人不足單獨爲傳而可附於各篇者傳之，〈管晏列傳〉中之鮑叔牙是也；五曰附見，其人不足爲附傳而僅可見於某篇者，〈孟荀列傳〉中之田駢等是也③。由於該體例記載明晰，運用靈活，爲後世史家所遵奉，固所宜也，而正史之體例亦由此樹立，然則史公之功，可謂鉅矣。

列表說明，使時空分明，人事井然

太史公鑑於人事繁襍，時空交錯，分封轉移，彼此相異，爲求簡明皎潔，便於查閱參稽，遂列表而說明。故《史記》之「表」，乃史學之一大創制。茲以《史記》世家爲例，其以編年爲主而記事，固自成體系，明則明矣，然與列國之關係，則難以洞悉。換言之，但有縱之敍述，而乏橫之聯繫。訖史公創之以「表」，則可補此罅，苴此漏。如周共和元年，當各侯國何年殊爲茫然；然一經查閱該書〈十二諸侯年表〉④，即可得知其當魯眞公濞十五年、齊武公壽十年、晉靖侯宜臼十八年、秦秦仲四年、楚熊勇七年、宋釐公十八年、衞釐侯十四年、陳幽公寧十四年、蔡武侯二十三年、曹夷伯二十四年、燕惠侯二十四年，而鄭、吳二國尚未開創。又各國要事一一依其時間前後，分塡該表，有縱橫交集而不亂之功，上下相貫而明晰之效，然則，表之功用，可謂大矣。後世史家悉其利，知其便，率多步趨，倣而效之，《漢書》、《新唐書》、《新五代史》⑤、《宋史》、《遼史》、《金史》、《元史》、《明史》、《新元史》是也。

創制書例，遍記朝章國典

《史記》有「書」凡八：一曰〈禮書〉、二曰〈樂書〉、三曰〈律書〉、四曰〈歷書〉、五曰〈天官書〉、六曰〈封禪書〉、七曰〈河渠書〉、八曰〈平準書〉。「書」之所記，爲朝章國典。有此八書，使古來禮樂、律呂、曆算、天文、祭祀、地理、經濟之緣起與變遷，賴以保存，後世可得而考焉。是對文化遺產之保存，功莫大焉。或疑禮、樂、律三書，有錄無書，乃褚少孫等所補，而劉知幾則以原文並非全佚，褚少孫僅爲之補綴成篇而已，仍多太史公之手筆。茲固不論二者孰是孰非，要之，納此體例於史籍之中，史公係第一人，則無可疑。歷史固以人物爲中心，然其活動之歷程與範疇，無不與禮樂、律呂、曆算、天文、祭祀、地理、經濟相關，然則，此珍貴資料，豈可等閒視之，捨而不載，故史公創此體例，遍記典制，至有灼見，宜乎後世史家率踵記之。「書」之一名，班固《漢書》改稱爲「志」，歐陽脩《新五代史》易名爲「考」，唯其實質並無少異。茲檢史公之後，正史具此體例者，計有《漢書》、《晉書》、《宋書》、《南齊書》、《魏書》、《隋書》、《舊唐書》、《新唐書》、《舊五代史》、《新五代史》、《宋史》、《遼史》、《金史》、《元史》、《明史》、《新元史》，多達一十六史，其波及不可謂不深遠也。

完成史評之體例，後世沿之

史家撰史，每有所感，而出以一己之議論，是即所謂史評。遠在《史記》之前，史評見諸史。如《左傳》之「君子曰」⑥、《公羊傳》之「公羊子曰」⑦、《穀梁傳》之「穀梁子曰」⑧即是，然皆散見偶出，爲數亦尟，未能成一體例。訖史公撰《史記》，每篇之後，輒附「太史公曰」，或以補逸事，或以敍遊歷，或以寄褒貶，或以評得失，或以記奇異，或以攄感慨，或以明成敗，或以辨誣妄，或以論因果，或以足文獻。其義精言微，雖未能如孔子制《春秋》，游、夏之徒，乃不能措一辭⑨，然超邁班、范⑩，則可斷言。尤其要者，乃此史評之體例，經史公創制，爲後世史家所沿用，如《漢書》、《後漢書》、《南齊書》、《新唐書》、《金史》、《明史》之標「贊曰」，《三國志》之標「評曰」，《宋書》、《陳書》、《魏書》、《周書》、《隋書》、《舊五代史》、《新元史》之標「史臣曰」，《晋書》、《北齊書》、《舊唐書》之標「史臣曰」與「贊曰」，《梁書》之標「史臣曰」或「陳吏部尚書姚察曰」，《南史》、《北史》、《宋史》、《遼史》之標「論曰」，《新五代史》之不標稱謂，名雖不同，義實無二，影響之大，可見一斑。

結語

太史公學博才高，識精見深，於史書體例之創制，爲數可觀，且成法式，而後世史家亦無不拳拳服膺，奉爲圭臬。茲綜史公於正史體例不朽之成就，竊以爲尊稱「正史之父」，豈不相宜?誠實至名歸，當之無媿，了無絲毫之過譽也。

註

①才、學、識，爲良史必備之條件，乃唐劉知幾所倡言，說詳《舊唐書》卷一〇二本傳；史德，乃清章學誠所標舉，說詳《文史通義・內篇三・史德》；史品，乃筆者所謬言，說詳拙文〈史品例

證》。

②紀傳體之史，自《隋書．經籍志》稱之爲「正史」，與編年體之「古史」並列，於是歷代相因而不廢。此指二十五史而言。

③參見《史記評介》章四、頁八一。臺灣維新書局。

④見《史記會注考證》卷一四、年表第二、頁二三六。臺灣洪氏出版社。

⑤該史稱「年譜」，與「表」名異而實同。

⑥見《左傳注疏》册一、卷九、莊公十九年、頁一六〇。臺灣藝文印書館。

⑦見《公羊傳注疏》卷四、桓公六年、頁五四。臺灣藝文印書館。

⑧見《穀梁傳注疏》卷二、隱公五年、頁二一。臺灣藝文印書館。

⑨見《昭明文選》卷四二、〈與楊德祖書〉、頁六〇五。原文作「昔尼父之文辭，與人通流；至於制春秋，游、夏之徒，乃不能措一辭」，此節用之。游，指子游；夏，指子夏，並擅文學。臺灣藝文印書館。

⑩指班固、范曄。

「史之時者」太史公

前言

昔孟子稱孔子爲「聖之時者」①，很能將孔子的聖德適切地表達出來。因孔子確是聖人中最合時宜的。換言之，即孔子是聖人中最富時代精神的。同理，在史學的領域中，若欲舉撰史之彰著者，在太史公之前，有孔子、左丘明；太史公之後，有班固、范曄、陳壽，然而最能掌握時代命脈，反映社會現象的，則捨太史公莫屬。職是之故，筆者認爲以「史之時者」來稱太史公，實是再恰當不過了。

以暢達生動的散文撰史

一個時代有一個時代的語文。時至漢初，以周、秦的語文記史，固無不可，然就其普及來論，自不及用當時的語文寫史來得通行便利。因語言障礙減少，可使作者與讀者接近，情意較易傳達，尤其秦火之後，漢初教育猶未普及，語文盡量求其暢達易曉，實是很重要的，故太史公捨詰屈聱牙的殷、周語文而採暢達生動的散文來撰史，應是很高明的。例如《史記．五帝本紀》記載帝堯之事，取材《尚書．堯典》，而後者艱澀難讀，盡人皆知。如太史公記堯之事，將《尚書》原文悉數抄入《史記》，則有幾人能讀？幾人能懂？茲分錄《尚書》、《史記》記載帝堯與放齊、讙兜的對話於後，以明其梗概：

帝曰：「疇咨若時登庸？」放齊曰：「胤子朱啓明。」帝曰：「吁！嚚訟，可乎？」帝曰：「疇咨若予采？」兜曰：「都！共工方鳩僝功。」帝曰：「吁！靜言庸違，象恭滔天。」（見《尚書．堯典》）

堯曰：「誰可順此事？」放齊曰：「嗣子丹朱開明。」堯曰：「吁！頑凶。不用。」堯又曰：「誰可者？」兜曰：「共工旁聚布功。可用。」堯曰：「共工善言，其用僻。似恭漫天。不可。」（見《史記．五帝本紀》）

案：太史公以「誰」代「疇」，下同。省略語詞「咨」。以「順」代「若」。以「此」代「時」。省略「登庸」。

案：「登庸」作「提升任用」解，此可省略。以「嗣」代「胤」。以全名「丹朱」代「朱」。以「開」代「啓」。以肯定句「吁！頑凶。不用」代疑問句「吁！嚚訟，可乎」。以「誰可者」代「疇咨若予采」。省略歎詞「都」。以「旁」代「方」。以「聚」代「鳩」。以「布」代「僝」，又在「功」下增「可用」二字，使文義完足。省略歎詞「吁」。以「善」代「靜」。以「用」代「庸」。

案：「庸」是用的後起形聲字，二字爲轉注。以「僻」代「違」。以「似」代「象」。以「漫」代「滔」，又在「天」下增「不可」二字，使文義完足。

詳覆右列二文，予以比較，可知太史公撰〈五帝本紀〉帝堯之事，乃採《尚書．堯典》的資料，予以改寫，不僅保留其原義，而且使它明白易曉，這是活用資料，使它充分發揮作用。撰史者若無深厚的經學與訓詁基礎，是沒法克竟其功的。無怪後世解《尚書》文義的，每多參酌《史記》中改寫《尚書》諸篇的辭句，一探究竟，以求其正確的解釋。他如《史記》的〈夏本記〉、

〈殷本記〉、〈周本記〉、〈魯世家〉等也都每每採用《尚書》的資料，予以改作，充分發揮功用。職是之故，清儒何艮俊說：「太史公作〈五帝本紀〉，其〈堯舜紀〉全用二典成篇，中間略加點竄，便成太史公之文。」②邵保和說：「《史記》述五帝三王時事，無不取信《尚書》，宜皆本於古文者也。然取遷書而讀之，凡所引〈堯典〉、〈禹貢〉、〈洪範〉、〈微子〉、〈金縢〉諸篇，文有增損，字有通假，義有補綴，或且隨筆竄易，以成己一家言。」③可謂深得太史公之心。至宋儒王觀國持反對之論，說：「大率司馬遷好異而惡與人同。觀《史記》用《尚書》、《戰國策》、《國語》、《世本》、《左氏傳》之文，多改其正文：改『績用』爲『功用』，改『厥田』爲『其田』，改『肆覲』爲『遂見』，改『宵中』爲『夜中』，改『咨四嶽』爲『嗟四嶽』，改『協和』爲『合和』，改『方命』爲『負命』，改『九載』爲『九歲』，改『格奸』爲『至奸』，改『愼徽』爲『愼和』，改『烈風』爲『暴風』，改『克從』爲『能從』，改『浚川』爲『決川』，改『恤哉』爲『靜哉』，改『四海』爲『四方』，改『熙帝』爲『美堯』，改『不遜』爲『不訓』，改『胄子』爲『稚子』，改『維清』爲『維靜』，改『天工』爲『天事』，改『底績』爲『致功』，改『降丘』爲『下丘』，改『納錫』爲『入錫』，改『孔修』爲『甚修』，改『夙夜』爲『早夜』，改『申命』爲『重命』，改『汝翼』爲『汝輔』，改『敕天』爲『陟天』，改『率作』爲『率爲』，改『宅土』爲『居土』，如此類甚多。又用《論語》文，分綴爲〈孔子弟子傳〉，亦多改其文：改『吾執』爲『我執』，改『毋固』爲『無固』，改『指諸掌』爲『視其掌』，改『性與天道』爲『天道性命』，改『未若』爲『不如』，改『便便』爲『辯辯』，改『滔滔』爲『悠悠』，如此類又多。子長但知好異，而不知反有害於義也。」④是實不知太史公之所以改作，旨在求其簡明易曉，並非只爲好異而改，且其所改，並未損及原義，反而可藉其改作，以明經學之深義；再者，經學與史學有別，前者可不避艱澀，後者則無此必要。果眞如此，則王氏之論是否失之偏頗，也就可以不言而喻。

又太史公撰《史記》，每以口語入史，使人物爲之生動，讓讀者有身歷目睹之感。僅就此點論之，就非後世史家可望其項背。例如他在〈陳涉世家〉中記述的一段話，即可印證：

客曰：「夥頤！涉之爲王沈沈者，楚人謂多爲夥，故天下傳之。」

案：《索隱》引服虔說：「楚人謂多爲夥。按又言頤者，助聲之辯也。」又今人陳直說：「頤爲語助詞，索隱說是也。頤爲殹字同聲之假借。殹與猗、兮二字，皆一聲之轉。石鼓第五鼓第四行，有『汧殹洎洎』之句。秦新郪虎符文云：『燔隊事，雖毋會符，行殹（見《秦金文錄》卷一、四十一頁）。』可證殹爲語助辭，亦秦人沿用之習俗語。本文當讀如夥兮！涉之爲王沈沈者。」⑤二說可充分證明太史公確用當時的習俗語入文，使全文爲之生動活潑。他如「故憤發其爲天下雄，安在無土不王」之無土不王（見〈秦楚之際月表〉）；「天馬來兮從西格，經萬里兮歸有德，承靈威兮降外國，涉流沙兮四夷服」之四夷服（見〈樂書〉第二）；

「上怒罵劉敬曰：齊虜以口舌得官，今迺妄言沮吾軍」之齊虜（見〈劉敬叔孫通列傳〉第三十九）；「其游如父子然」（見《魏其武安列傳》第四十七）；「天下幸而安樂無事，蚡得爲肺腑」之肺腑（見同上）；「莊任人賓客，爲大農僦人多逋負」之僦人（見〈汲鄭列傳〉第六十）；「極知禹無害，然文深不可以居大府」之無害（見〈酷吏列傳〉第六十二），都是當時之習俗語。陳直《史記新證》有說，可供參稽。

至以口語敍事，刻畫生動，所在多見。茲特舉周昌與漢高祖之對話，以見其一斑：

> （周）昌嘗燕時入奏事，高帝方擁戚姬。昌還去。高帝逐得，騎周昌項，問曰：「我何如主也？」昌仰曰：「陛下即桀、紂之主也。」於是，上笑之，然尤憚周昌。及帝欲廢太子，而立戚姬子如意爲太子，……而周昌廷爭之彊。上聞其說。昌爲人吃，又盛怒，曰：「臣口不能言，然臣期期知其不可。陛下雖欲廢太子，臣期期不奉詔。」上欣然而笑（〈見張丞相列傳〉）。

右文記述周昌之急切憨直，漢高祖之任性不羈，殊爲逼眞，極爲生動，尤以昌本口吃，加以一時氣憤，語焉艱難，悉爲太史公所記，刻畫入微。如「臣口不能言，然臣期期知其不可」、「臣期期不奉詔」，將昌當時結結巴巴的情狀，全然描繪出來，縱使右文太史公未記昌之臉色神情，然從這二句話中可充分看出其血脈賁張，焦急無奈的情態，宜乎二千餘年後之今日視之，一一呈現，彷彿在前。基於此，筆者深以爲太史公能以口語記史，使史書得以生活化、具體化，進而拉近與讀者的距離，以致親切自然，感染力忒强。這沒有很高的文學素養，是絕對做不到的。

再者，太史公每以俗諺敍事論人，使讀者感受深刻。俗諺是久傳於世的格言，含有警惕之意，應用得當，可使敍事論人收穫宏效，太史公即每在其贊語中善用之，而使文章收畫龍點睛之妙。如其在〈白起王翦列傳〉中以「鄙語云：尺有所短，寸有所長」，析論秦將白起、王翦、王離之善於用兵，而拙於謀己；在〈李將軍列傳〉中以「諺曰：桃李不言，下自成蹊」，盛稱李廣不長言辭，而善得士心；在〈游俠列傳〉中以「諺曰：人貌榮名，豈有既乎」，讚美郭解形貌雖差，然榮名無窮；在〈佞幸列傳〉中以「諺曰：力田不如逢年，善仕不如遇合」，譏諷佞幸善於逢迎，全然投機，是故以鄙語、諺言入文，可使文章自比喻中透出精義，遠比直言道來要引人入勝，自然對讀者的影響也就要深入很多。

深入關懷整個社會層面

歷史是用來記載人類生活的。一部好的史書，應自記載中看出當時整個社會活動的面貌，並能對後世有所指示。若以此衡量我國的史書，太史公的《史記》無疑最具此特色。由於太史公關懷的是整個社會的現象，因此他的接觸面極廣，諸如天子、諸侯、將帥、丞相、隱士、處士、刺客、說客、醫師、儒者、諸子、游俠、循吏、酷吏、滑稽之士、日者、卜人、商賈、佞幸、俳優、方士，無不形之筆下，書於簡册，予以透視，呈現在讀者之前，故近人梁啓超說：「太史公誠史界之造物主也。其書亦常有國民思想。如項羽而列諸本紀，孔子、陳涉而列諸世家，儒林、游俠、刺客、貨殖而爲之列傳，皆有深意存焉。其爲立傳者，大率皆於時代極有關係之人也，而後世之效顰者則胡爲也。」⑥又說：「從前的史，或屬於一件事的關係文書——如《尚書》；或屬於各地方的記載——如《國語》、《戰國策》；或屬於一時代的記載——如《春秋》及《左傳》。《史記》則舉其時所及知之人類全體自有文化以來數千年之總活動冶爲一爐。自此始認識歷史爲整個渾一的，爲永久相續的。非至秦、漢統一後，且文化發展至相當程度，則此觀念不能發生，而太史公實應運而生。」⑦因此，當我們讀了四公子傳——信陵、平原、孟嘗、春申，可知戰國養士之風甚盛，四公子都是當時風雲人物；讀了〈刺客列傳〉，可知自來激於義憤，士爲知己者死，有其可取的一面；讀了〈老子韓非列傳〉，可知法家淵源於道家，二家自春秋迄戰國都具有其魅力，非常吸引大衆；讀了司馬穰苴、孫武、孫臏、吳起等傳，可知爲將除須有帶兵作戰的能耐，猶須有兵法傳世，方爲名將；讀了〈游俠列傳〉，可知漢前即有貴族游俠，而平民游俠則始自漢，且爲厲行法治的政權所不容；

讀了蘇秦、張儀傳，可知列國交戰之際，外交的擅用，是不可忽視的；讀了范雎、蔡澤傳，可知時至戰國，教育普及，已開布衣可取卿相的局面；讀了高祖、項羽本紀，可知成敗全在用人，鬥智而非鬥力，能則成，否則敗，任何打天下的英雄都不能背離此一法則，但也不可只以成敗論英雄；讀了匈奴、南越、東越、朝鮮、西南夷、大宛等傳，可知天下固一統，四夷之事，不可不知，務須有憂患意識；讀了扁鵲、倉公傳，可知自古醫人者每每善於救人，而不能自救。凡此種種，足以使我們瞭解歷史不僅是人類活動的記載，同時也是一面明鏡，足以指示後人免蹈覆轍。今人李長之說：「司馬遷是一個有史觀的人。換言之，他有他對歷史的一貫的看法，有他的歷史哲學。假若說他的歷史意識，是在所謂『通古今之變』上，那麼他的歷史哲學，就是在『究天人之際』上，天人之際是什麼？用現在的話講，就是客觀力量和主觀行爲的消長結果。……同時他所認識的客觀力量並不是死的，而是在一種動態之中的，這動態卻又有一種法則可尋，那就是盛衰循環，近於一種辯證法。」⑧又施章說：「所以《史記》一書可謂具有社會性的大衆生活的歷史。雖然他的本紀、世家、列傳，往往是以描寫個人爲中心，而由個人上面，即可把當時的社會背景表現出來。若以現代文化、以大衆生活爲主的眼光觀之，則《史記》在文化史上的地位更爲重要。」⑨可充分證明《史記》關懷的社會層面是廣泛而深入的，絕非僅爲表象的記載而已。

好古敏求而不迷信

《史記》是部通史。太史公對該書的起訖，是始於軒轅，終於漢武帝。其終於武帝，尚易決定，而始於軒轅，則無獨到之見，殊難達成。近人顧頡剛說：「六藝中的《尚書》是始於堯、舜的，還有《禮》家雜記的〈五帝德〉和〈帝繫姓〉，雖然『儒者或不傳』，究竟還爲一部分的儒者所信，這兩篇中的歷史系統是從黃帝開始的。司馬遷在他自己所立的標準之下，根據了這些材料來寫史，所以他的書也起於黃帝。黃帝以前，他已在傳說中知道有神農氏（〈五帝本紀〉）、伏羲（〈自序〉）、無懷氏和泰帝（〈封禪書〉），但他毅然以黃帝爲斷限，黃帝以前的一切付之不聞不問。這件事看似容易，其實甚難；我們只要看唐司馬貞忍不住替他補作〈三皇本紀〉，就可知道他在方士和陰陽家極活動的空氣之中排斥許多古帝王是怎麼的有眼光與有勇氣了。」⑩顧氏這段話說得很公允，因用現在的眼光與經驗來看，太史公寫《史記》，起自黃帝，似乎是很自然的事，無甚稀奇，殊不知在他那個時代，有此見識，應很不易。這樣看來，唐司馬貞據緯書之說，將蛇身人首的伏羲氏、女媧氏與人身牛首的神農氏寫入史篇，稱爲〈三皇本紀〉，補在〈五帝本紀〉之前，顯然有欠考慮，說他是「畫蛇添足」，有何不可！或許有人會說，將黃帝列爲《史記》之首也未必適當。因黃帝原本也有些事是不可信的。

粗看起來，這個論點似乎很有道理，殊不知太史公撰的是通史，終要有個起首，而在許多疑似之間的典籍資料中，他愼選黃帝爲始，實是不得已的抉擇，應是可被諒解的。再說在這些資料中凡黃帝事涉荒誕不經的，如騎龍鑄鼎等等，太史公也都摒除不採，作了相當嚴謹的篩選。這樣看來，他的識見不可謂不高，豈是補寫〈三皇本紀〉的司馬貞可與他相提並論？由此可見，太史公的好古敏求，不是後人可輕易否認的，而此治學態度正是史家所必須具備的，也唯有如此，才能使撰寫的史册取信於人，流傳久遠；否則，豈非神話連篇，難見其眞！這樣說來，宋歐陽修稱太史公爲「不誣」⑪，應非偶然！

進言之，在兩千多年前，民智未開之時，太史公能力破迷信，是很令我們感佩的。在太史公的心目中，武帝的求仙貪生，與秦始皇的愚昧並無二致，幾乎已到了迂呆惑溺的地步，這在《史記．封禪書》裡被暴露無遺。淸牛運震說：「〈封禪書〉一篇譏諷文字，開端起手卻極莊重高古，似與長卿〈封禪書〉頌美之文，同一格體，令人不覺其有譏諷之旨，此大手筆筆法渾妙處。」⑫又高嶼說：「此書有諷意，無貶詞，將武帝當日希冀神仙長生，一種迷惑不解情事，傾寫殆盡。故前人謂之謗書，然其用意深矣。」⑬這些都是善讀《史記》的體認與心得，很值得我們深思！也替太史公不迷信做了最好的註解。

結語

太史公用五十二萬六千五百言，敍述二千四百一十三年事⑭，除其發凡起例，界垠分明，替後世史家立下榘矱，無以突其樊籬外，而尤其可貴者，乃其提玄鈎要，辭約事擧，將當時人類生活層面全然勾勒出來，作了深入的剖析，加以文筆雄深雅健，收放自如，是故一經其敍述，無不栩栩如生，精彩動人，而使人讀其書，有歷歷在目，身臨其境之感，進而省悟良多，南針可期，這是其他正史所無法企及的，宜乎揚雄稱《史記》爲「實錄」⑮，鄭樵讚太史公爲「龍」⑯。筆者不敏，走筆於此，頗願效顰前修，而以「史之時者」譽之，以期太史公在史學上的偉大成就能表出於萬一。

註

①見《孟子注疏・萬章章句》下、頁一七六。臺灣藝文印書館。

②見《四友齋叢書》卷一、史一。臺灣中華書局。

③見《詁經精舍文集》卷一一。揚州阮氏琅環仙館館刊本。

④見《學林》卷一。叢書集成本。

⑤見《史記新證》頁一〇四。天津人民出版社。
⑥見《飲冰室文集》下、〈歷史〉、頁一三、〈中國史界革命案〉。中華書局。
⑦見《要籍解題及其讀法》頁三七。法華周刊叢書本。
⑧見《司馬遷之人格與風格》頁二三五。上海開明書店。
⑨見《史記新論》頁二、〈史記史學的研究〉。南京北新書局。
⑩見《古史辯・上編》頁四七、〈戰國秦漢間人的造僞與辯僞〉。樸社。
⑪見《歐陽文忠公全集》卷六五、頁七、〈桑懌傳〉。四部備要。臺灣中華書局。
⑫見《史記評註》卷四。空山堂乾隆辛亥刻本。
⑬見《史記鈔》卷二、〈封禪書〉。乾隆五十三年刻本。
⑭見《史記會注考證》頁二一、〈張守節注史記集解序〉。臺灣宏業書局。
⑮見《法言》卷一〇、〈重黎篇〉。
⑯見《通志・總敍》。原文作「遷之於固，如龍之於豬」。此節取其義。十通本

《史記》合傳析論

前言

太史公作《史記》，首創紀傳體，以人物爲主，有別於編年史與國別史，使正史作傳體例得以奠定，牢籠百代，厥功至偉，宜乎近人梁啓超評說：「其最異於前史者一事，曰以人物爲本位。」①

列傳體例及合傳篇數

《史記》列傳之體例，據今人徐浩區分有四：「（一）專傳。史家之法，凡王公巨卿大臣，勳業顯著，及有關國政之大奸大惡，皆立專傳，或稱大傳。（二）合傳。合傳之體，施於通史者多，如《史記》之〈老子韓非列傳〉、〈屈原賈生列傳〉等是，其有二人行事，首尾相隨，則以一傳兼書，包括令盡，各史恒有此例。（三）附傳。史家對於同一事迹，或共事之人，恒取其主要之一人爲主，而下附載此事相關之人，一一類敍，或帶敍，蓋人各一傳，則不勝傳，不爲立傳，則其人又有事可傳，故用附傳之例，亦有祖孫父子無大事可傳，而又不勝沒者，則以子孫附祖父，或祖父附子孫，各視其地位輕重大小以決定之。（四）類傳。如《史記》之〈儒林列傳〉、〈滑稽列傳〉、〈貨殖列傳〉等是，傳目各就一朝所有人物傳之，有其人不妨增，無其人不妨缺，固不必盡拘舊名。」②

按徐說之專傳、大傳，即世謂之單傳。又其析分，大抵不差，唯漏一「附見」。所謂附見，尤較附傳爲簡，僅於傳中略述或偶見而已。如〈游俠列傳〉中之韓無辟、薛兄、韓孺即是。以徐氏析分之專傳、合傳、附傳、類傳與筆者舉出之附見相合，則《史記》列傳之體例，應屬完備。茲就《史記・太史公自序》論列篇目視之，屬合傳者凡二十八篇，特表列其篇名與簡要於後，以供參閱。

《史記》合傳一覽表

篇名	簡要	備註
管晏列傳	此爲春秋賢相管仲，晏嬰二人合傳。	見卷六二
老子韓非列傳	此爲春秋道家老子、戰國法家韓非二人合傳。	見卷六三
孫子吳起列傳	此爲春秋兵家孫武、戰國兵家孫臏、吳起三人合傳。	見卷六五
仲尼弟子列傳	此爲春秋孔門受業身通六藝七十七弟子合傳。	見卷六七
樗里子甘茂列傳	此爲秦名相樗里子、甘茂二人合傳。	見卷七一
白起王翦列傳	此爲秦名將白起、王翦二人合傳。	見卷七三
孟子荀卿列傳	此爲戰國儒家孟軻、荀況二人合傳。	見卷七四
平原君虞卿列傳	此爲戰國趙公子平原君趙勝、說士虞卿二人合傳。	見卷七六
范睢蔡澤列傳	此爲戰國秦相范睢、蔡澤二人合傳。	見卷七九
廉頗藺相如列傳	此爲戰國趙名將廉頗、賢相藺相如二人合傳。	見卷八一
魯仲連鄒陽列傳	此爲戰國齊賢士魯仲連、漢初賢士鄒陽二人合傳。	見卷八三

屈原賈生列傳	此爲戰國楚賢士屈原、漢初賢士賈誼二人合傳。	見卷八四
張耳陳餘列傳	此爲趙王張耳、代王陳餘二人合傳。	見卷八九
魏豹彭越列傳	此爲魏王魏豹、梁王彭越二人合傳。	見卷九〇
韓信盧綰列傳	此爲漢朝韓王韓信、燕王盧綰二人合傳。	見卷九三
樊酈滕灌列傳	此爲漢朝舞陽侯樊噲、曲周侯酈商、汝陰侯夏侯嬰、潁陰侯灌嬰四人合傳。	見卷九五
酈生陸賈列傳	此爲漢朝酈食其、陸賈二人合傳。	見卷九七
傅靳蒯成列傳	此爲漢朝陽陵侯傅寬、信武侯靳歙、蒯成侯周緤三人合傳。	見卷九八
劉敬叔孫通列傳	此爲漢朝劉敬、叔孫通二人合傳。	見卷九九
季布欒布列傳	此爲漢初賢臣季布、欒布二人合傳。	見卷一〇〇
袁盎鼂錯列傳	此爲漢初袁盎、鼂錯二人合傳。	見卷一〇一
張釋之馮唐列傳	此爲漢初張釋之、馮唐二人合傳。	見卷一〇二
萬石張叔列傳	此爲漢初石奮、張歐二人合傳。	見卷一〇三
扁鵲倉公列傳	此爲春秋良醫扁鵲、漢初良醫淳于意二人合傳。	見卷一〇五

魏其武安侯列傳	此爲漢朝魏其侯竇嬰、武安侯田蚡二人合傳。	見卷一〇七
衞將軍驃騎列傳	此爲漢朝大將軍衞青、驃騎將軍霍去病二人合傳。	見卷一一一
淮南衡山列傳	此爲漢朝淮南厲王、淮南王安、衡山王賜父子三人合傳。	見卷一一八
汲鄭列傳	此爲漢朝汲黯、鄭當時二人合傳。	見卷一二〇

此外，《史記》中有些篇目，看來是單傳，然而文中卻另記若干人物，而且占取篇幅不少，頗似合傳。遇到這些文章，不可遽下結論，認爲它就是合傳，而還須從該文主旨去辨析。如〈張丞相列傳〉，太史公除爲張蒼作傳外，同時也替周昌、申屠嘉寫傳，且二人占取篇幅都不少，似乎很可以將它看成是合傳，然而殊不知該文主旨是論漢初丞相，以蕭何、曹參、陳平爲高，張蒼爲次，至於張蒼以下，僅趙相周昌質直倔强，丞相申屠嘉剛毅守節，尚有一得可取，餘則不足一觀，這只要從該傳結語所論「自申屠嘉死之後，景帝時，開封侯陶青、桃侯劉舍爲丞相。及今上時，柏至侯許昌、平棘侯薛澤、武彊侯莊青翟、高陵侯趙周等爲丞相，皆以列侯繼嗣。娖娖廉謹，爲丞相備員而已。無所能發明，功名有著於當世者」，即可知周昌、申屠嘉僅是襯托主旨之配角而已。換言之，〈張丞相列傳〉仍爲一單傳，而周昌、申屠嘉僅屬附傳。又如〈伯夷列傳〉，文中除記伯夷外，又兼述叔齊；同時，二人篇幅相近，密不可

分。在此情況下，能否視其爲合傳？筆者以爲也應從主旨上去辨析它，方可論斷。茲悉該文主旨在讚伯夷讓國諫伐，且藉伯夷餓死首陽山而發抒一己之怨歎，深爲行善不得善報而憤慨。職是之故，叔齊在文中也僅是陪襯而已。準此而論，則〈伯夷列傳〉仍是一篇單傳，而不得視爲合傳。

合傳與類傳之區別

單傳，顧名思義，爲一人立傳，重點全在一人身上。換言之，文中只有一個主角，其餘都環繞在他的四周發展，很易區別。合傳則爲兩個或兩個以上而關係密切之人立傳。換言之，文中有兩個或兩個以上之主角。兩相比較，合傳自比單傳複雜。又《史記》有「類傳」一體，其形式甚易與「合傳」相混。茲爲便於探究，特表列其篇目與簡要於后，以知其梗概：

《史記》類傳一覽表

篇名	簡要	備註
刺客列傳	此爲春秋刺客曹沫、專諸與戰國刺客豫讓、聶政、荊軻五人立傳。	見卷八六
循吏列傳	此爲春秋循吏孫叔敖、子產、公儀休、石奢、李離五人立傳。	見卷一一九
儒林列傳	此爲漢儒者申培、轅固、伏生、高堂伯、田生、胡毋生、董仲舒、公孫弘等立傳。	見卷一二一
酷吏列傳	此爲漢酷吏郅都、寧成、周陽由、趙禹、張湯、義縱、王溫舒、尹齊、楊僕、減宣、杜周十一人立傳。	見卷一二二
游俠列傳	此爲漢游俠朱家、田仲、劇孟、王孟、郭解五人立傳。	見卷一二四
佞幸列傳	此爲漢佞幸籍孺、閎孺、鄧通、趙談、北宮伯子、周文仁、韓嫣、李延年八人立傳。	見卷一二五

滑稽列傳	此爲戰國淳于髡、春秋優孟、秦優旃三人立傳。	見卷一二六
日者列傳	此爲掌占良日及時節禁忌者立傳。據太史公〈自序〉，應分記齊、楚、秦、趙之爲日者，而今本僅記司馬季主一人，又前後皆言卜筮，與〈自序〉語全不相合，則其非原書明矣。	見卷一二七
龜策列傳	此爲龜策卜筮者立傳，然今本殘闕，無以見其本始。	見卷一二八
貨殖列傳	此爲春秋商賈計然、范蠡、子贛、戰國白圭四人立傳。	見卷一二九

看了上表的篇目與簡要，可知它與合傳相同點有二：文中主角不限一個，此其一；文中主角不拘同一時代，此其二。既然如此，它易和合傳相混，也就不足爲怪，然而若我們深入探究，可知它與合傳相異點也有二：類傳中人物之職業或品類必須相同，而合傳則否，此其一；類傳中人物之關係無須相連，而合傳則否，此其二。茲據類傳相異之第一點，析分上表十傳，得知刺客、儒林、游俠、日者、龜策、貨殖屬職業同，循吏、酷吏、佞幸、滑稽屬品類同，宜乎太史公將他們分別歸類而記於一傳。復據類傳相異的第二點，細究上表十傳中人物之關係，得知彼此並不相干。職是之故，類傳與合傳固相似而實相非，據此以剖分二者之異，即可釐清。

至近人梁啓超謂「太史公的合傳，共有三種：(1)兩人以上，平等敘列。如〈管晏列傳〉、

〈屈賈列傳〉，無所謂輕重，亦無所謂主從。⑵一人為主，旁人附錄。如〈孟荀列傳〉，標題為孟子荀卿，而內容所講的有三騶子、田駢、愼到、環淵、接子、墨子、淳于髠、公孫龍、劇子、李悝、尸子、長盧、吁子等一二十人，各人詳略不同，此種專以一二人較偉大的人物為主，此外都是附錄。⑶許多人平列，無主無從。如〈仲尼弟子列傳〉，七十餘人，差不多都有敍述。如〈儒林列傳〉，西漢傳經的人，亦差不多都有敍述。」③則此說頗有謬誤。蓋其所謂「平等敍列」，「一人為主，旁人附錄」，「許多人平列，無主無從」，是誤作法為類別，此其一；其舉〈孟荀列傳〉中之諸子為說，是誤附傳、附見為合傳，此其二；其舉〈儒林列傳〉為說，是誤類傳為合傳，此其三。有此三誤，則梁氏之說不可從，應無疑義。

合傳之利便

合傳是太史公之一大發明，可補單傳、類傳之不足。至於說到它的利便，經予探索，有以下七點，可得而言。

可不受時限——《史記》是部通史，而合傳可將不同時代而關係密切的人記於一傳。如〈管晏列傳〉，管仲與晏嬰先後相差一百多年，然而由於二氏都是齊國的賢相，具宰輔之才，有知人之明，並且都有功於齊。因此，太史公將他們二人合記一傳，而由此可知齊國的興盛，其來有自，斷非偶然；反之，如將管、晏分記二傳，則其主旨就不易看出。

可避免重複——凡史傳記載同時代而關係密切的人，若都個別處理，以單傳出現，則極易合掌，令人生厭，而太史公改以合傳記之，就可避免此弊。如〈廉頗藺相如列傳〉，廉、藺二氏，同爲戰國趙人，一爲名將，一爲賢相，二人爲刎頸之交，共繫趙國安危，且二氏行事密不可分，可謂「焦不離孟，孟不離焦」。若分以二傳記之，勢必重複，不勝累贅！故太史公合二人爲一傳，實有必要。淸人盧文弨說：「《史》、《漢》數人合傳，自成一篇文字，雖間有可分析者，實不盡然。蓋數人同事，彼此互見，自無重複之弊。自范書以下，雖有合傳之名，實皆專傳之體，致有一事而再三見者，文繁志寡，由其不講史法故也。」④案《漢書》合傳之例，源自《史記》。至其精確，則不逮《史記》遠甚。有關此點，淸儒顧炎武、趙翼都有辯說，可參閱二氏之著⑤。要之，合傳可免重複之弊，應無可疑。

可精簡文字——《史記》上起五帝，下訖漢武，記述事功，不可謂不多；論列人物，不可謂不衆，然賴合傳一體，則可精簡不少文字。如〈張耳陳餘列傳〉，張、陳二氏，同爲楚、漢相爭時期之人，有名於世，且初爲至交，後因利生隙，終至反目成仇，彼此關係，密不可分。若將張、陳分記二傳，必浪費文墨不少，而太史公以合傳出之，則可精簡文字，不致雜沓。

可述明源流——太史公對歷史縱面的發展，殊爲注意，掌握至佳。如〈屈原賈生列傳〉，即藉合傳之例，將戰國的屈原和漢初的賈誼連貫在一起，以說明二氏品格高潔，特立獨行，有治世之心，具文章之才，然而時運不濟，仕途多乖，以致治績不彰，僅在文學上有成。茲觀楚辭的發展與傳承，屈、賈二氏，確是極重要的人物。宜乎明人鍾惺說：「賈生經世才，與屈原同傳，以騷合耳，故諸奏疏皆略不入，後人不能如此割捨。」⑥又如今人陳柱論《史記．老子韓非列傳》說：「老、莊道家，申、韓法家。以老、莊、申韓合傳，以見法家源於道家也。此史公洞悉學術之源流處。後人不解，反以老、韓同傳為卑老，謬矣。」⑦案陳說頗為精到。設無合傳之體，勢必無法以一傳彰顯其源流。由此觀之，合傳對源流的敍述，應是很有功用。

可並列主題——《史記》各傳都有一主旨，而在該主旨下，可有若干主題，並列敍述，以彰明其主旨。以紀傳體記史，若遇此類題材，以合傳之體來撰寫，無疑最為允當。如該著〈張釋之馮唐列傳〉，即可得而言。在太史公的心目中，漢文帝時的張釋之，論法之言，非常深入，又同時的馮唐，論將之道，甚為精微，且二氏同具大臣直言不諱的風範，足堪傳世。於是，太史公就將張、馮合傳，予以彰顯；同時，也襯出文帝的寬容，頗能採納雅言；反之，若將該文分為二篇單傳記述，效果自不及合傳緊湊精彩。又如〈劉敬叔孫通列傳〉，劉敬的定都關中、使虜、和親、徙大姓，與叔孫通的定朝儀、傅太子、成宗儀法，都對漢家基業的厚植有很大貢獻，宜乎太史公要將二人合傳，以示高祖之平治天下，二氏之獻替，不可謂不大，故明唐順之評說：「此等傳似不爲本人，但爲漢敍事耳。」⑧很能掌握個中關鍵。

可廣記衆人——《史記》對歷史人物的記述，可詳則詳，可略則略，實則記之，疑則闕之，鉅細靡遺，殊有分寸。如〈仲尼弟子列傳〉，記載孔門七十七位高足，其詳者除交代名姓籍貫外，並載其行事，其完整性，一如單傳，而略者僅寥寥數字，錄其名姓而已。由於《史記》有合傳之例，故可廣納七十七人於一傳；不然，分篇述之，豈不長短參差過多，篇目設置太夥？

可歸併分類——在歷史的舞臺上，雖每人扮演的角色不同，各有其面目，然而異中求同，還是可以歸併分類。如《史記．季布欒布列傳》，季、欒二氏都崛起於楚、漢相爭之時，此一同；二氏都曾分別事奉項羽、彭越，而後歸附漢高祖，此二同；二氏日後發迹，同爲漢名將，此三同；季氏自重其死，以示其爲壯士，而欒氏不重其死，以示其爲古之烈士，都具氣節，此四同。有此四同，太史公將二氏合爲一傳，實有歸併分類之便利。

結語

今人金毓黻說：「大抵撰合傳者，不必其人銖兩悉稱，但能以事聯綴之，彼此相關，能合而不能分，即爲極合傳之能事。《史記》中諸合傳，每能貫徹此旨。」⑨此說甚是，足資採從。一書有一書之體例，像《史記》這樣發凡起例之鉅著，自然極講究。因此，當我們研讀該書合傳時，不能不留意；否則，勢必糾纏不清，似是而非，而一經辨明其體例，則對著者之用意也就可作進一步之探索與領會。

註

①見《中國歷史研究法》頁二七。臺灣商務印書館。
②見《廿五史論綱・自序》。一九四九年六月、人民文學出版社。
③見《中國歷史研究法補論・分論》一、頁五五、〈人的專史〉。臺灣商務印書館。
④見《鍾山札記》卷四、〈史漢合傳〉。抱經堂叢書本。
⑤可分參《日知錄集釋》卷二六、頁八、〈漢書不如史記〉。臺灣中華書局；《陔餘叢考》卷五、〈史記曰〉。甌北全集本。
⑥見《歷代名家評史記》頁七二三。博遠出版社。
⑦見《學術世界》一九三六年、第一卷第十二期、〈老莊申韓列傳講記〉。
⑧見《史記評林》卷九九、頁一。臺灣蘭臺書局。
⑨見《中國史學史》頁二五六。臺灣商務印書館。

《史記》附傳析論

前言

《史記》屬記傳體。其列傳體例，有單傳、合傳、類傳、附傳、附見五種。以一人爲主，撰寫之傳，謂之單傳，此顧名思義，即可瞭然；以關係密切者合爲一傳，謂之合傳；以性質或行業相同者共爲一傳，謂之類傳，筆者曾著專文，予以辨解①，此不贅述；附見因隨附傳之說解而可知曉其例，毋庸詳述，故本文純就附傳予以析論。

附傳與附見之異同

附傳與附見均不單獨成文，而須依附各篇，方可成立，此爲二者相同之點。至二者相異之處，竊意有三：附傳詳，附見略，此其一：附傳繁，附見簡，此其二：附傳可從中得知某人之生平事迹，附見則否，此其三。如〈項羽本紀〉記漢之三年，劉邦爲楚困於滎陽，十分危急，其將紀信乃矯裝邦形，詐楚爲王，助邦逃出西門，城破，信爲項羽燒殺。案觀此記述，可知信之事略，一如其傳，唯因其附於該紀，故可視爲附傳。至〈酷吏列傳〉記酷吏王溫舒畏罪自殺，其二弟及二親戚亦同時犯罪滅族，而插入光祿徐自爲曰：「悲夫！夫古有三族，而王溫舒罪至同時而五族乎！」案徐之入文，僅表酷吏不可爲而已，餘則無所悉，故僅可以附見視之。明乎此，則不難辨察二者之異同。

附傳之出現

《史記》體例有五：本紀、表、書、世家與列傳。除表係列表記事，無附傳之必要外，餘均有附傳之出現。附傳見於列傳，殊易看出，因列傳原本記人，而主角以外之人物記述，自屬附傳，應無疑義。本紀、世家雖編年記事，然仍以人物貫穿全文，故凡合乎筆者上段提示之準則，則附傳之出現，非無可能，如〈呂后本紀〉之惠帝、少帝，〈趙世家〉之程嬰、公孫杵臼即是；書雖記典章制度之興革，然其不離人物之記述，故附傳之出現，自不可免，如〈封禪書〉之李少君即是。由此可見，附傳不限見諸列傳，當可確信。附傳如此，則附見之出現，自更廣泛而無所拘限。

附傳出現之形式

附傳見於正文篇末，應屬常例，最合制式，是於《史記》可舉〈刺客列傳〉之高漸離爲例：

後五年，秦卒滅燕，虜燕王喜。其明年，秦并天下，立號爲皇帝。於是秦逐太子丹、荊軻之客，皆亡。高漸離變名姓，爲人庸保，匿作於宋子。久之，作苦，聞其家堂上客擊筑，傍徨不能去，每出言曰：「彼有善，有不善。」從者以告其主曰：「彼庸乃知音，竊言是非。」家丈人召使前擊筑，一坐稱善，賜酒，而高漸離念久隱，畏約無窮時，乃退，出其裝、匣中筑，與其善衣，更容貌而前，舉坐客皆驚，下與抗禮，以爲上客，使擊筑而歌，客無不流涕而去者。宋子傳客之。聞於秦始皇。秦始皇召見，人有識者，乃曰：「高漸離也。」秦皇帝惜其善擊筑，重赦之，乃矐其目，使擊筑，未嘗不稱善，稍益近之。高漸離乃以鉛置筑中，復進得近，舉筑朴秦皇帝，不中。於是遂誅高漸離，終身不復近諸侯之人（見卷八六）。

案：該傳原記曹沫、專諸、豫讓、聶政、荊軻五大刺客，依時代先後出現，殊爲整齊。按理寫至軻刺秦皇，事敗見戮，文應告終，而太史公則續記高漸離之刺秦皇，直至其被殺爲止，而離不在五大刺客之列，然則歸屬附傳，豈不相宜！他如〈張蒼列傳〉記蒼卒之後，復詳述申屠嘉之生平事略，自當亦以此例視之。

附傳散見各篇正文之中，爲數最多，是於《史記》可舉〈季布欒布傳〉之丁公爲例：

季布母弟丁公，爲楚將。丁公爲項羽逐窘高祖彭城西，短兵接。高祖急顧丁公曰：「兩賢豈相厄哉」於是丁公引兵而還，漢王遂解去。及項王滅，丁公謁見高祖。高祖以丁公徇軍中曰：「丁公爲項王臣，不忠。使項王失天下者，迺丁公也。」遂斬丁公，曰：「使後世爲人臣者，無效丁公。」（見卷一〇〇）

案：他如〈項羽本紀〉之范增亦爲此類之附傳，唯無右文整齊，而在該紀中前後交錯出現耳。

附傳有見於篇末太史公之贊語者，是於《史記》可舉〈田單列傳〉之君王后與王蠋爲例：

太史公曰：「兵以正合，以奇勝。善之者，出奇無窮。奇正還相生，如環之無端。夫始如處女，適人開戶，後如脫兔，適不及距，其田單之謂邪！

初淖齒之殺湣王也，莒人求湣王子法章，得之太史嬓之家。爲人灌園，嬓女憐而善遇之。後法章私以情告女。女遂與通。及莒人共立法章爲齊王，以莒距燕，而太史氏女遂爲后，所謂君王后也。

燕之初入齊，聞畫邑人王蠋賢，令軍中曰：『環畫邑三十里無入。』以王蠋之故。已而，使人謂蠋曰：『齊人多高子之義。吾以子爲將，封子萬家。』蠋固謝。燕人曰：『子不聽，吾引三軍而屠畫邑。』王蠋曰：『忠臣不事二君，貞女不更二夫。齊王不聽吾諫，故退而耕於野。國既破亡，吾不能存，今又劫之以兵，爲君將，是助桀爲暴也。與其生而無義，固不如烹！』遂經其頸於樹枝，自奮絕脰而死。齊亡大夫聞之，曰：『王蠋，布衣也，義不北面於燕，況在位食祿者乎！』乃相聚如莒，求諸子，立爲襄王。」（見卷八二）

案：右贊語分三節：首評田單，次記君王后，終載王蠋。該傳既爲單而寫，則太史公總評單用兵後，文應結束，而其續記君王后與王蠋之始末，即屬附傳。

附傳有分見二文，以見其全者，是於《史記》可舉秦之趙高爲例：

趙高者，諸趙疏遠屬也。趙高昆弟數人，皆生隱宮。其母被形僇，世世卑賤。秦王聞高彊力，通於獄法，舉以爲中車府令。高即私事公子胡亥，喻之決獄。高有大罪。秦王令蒙毅法治之。毅不敢阿法，當高罪死，除其官籍。帝以高之敦於事也，赦之，復其官爵。……始皇三十七年冬，行出游會稽，並海上，北走琅邪。道病，使蒙毅還禱山川。未反。始皇至沙丘崩，祕之。羣臣莫知。是時丞相李斯、少子胡亥、中車府令趙高常從。高雅得幸於胡亥，欲立之，又怨蒙毅法治之，而不爲己也，因有賊心，迺與丞相李斯、少子胡亥陰謀，立胡亥爲太子。太子已立，遣使者以罪賜公子扶蘇、蒙恬死。……太子立爲二世皇帝，而趙高親近，日夜毀惡蒙氏，求其罪過，舉劾之（見卷八八〈蒙恬列傳〉）。

李斯已死。二世拜趙高爲中丞相。事無大小，輒決於高。高自知權重，乃獻鹿，謂之馬。二世問左右，此乃鹿也。左右皆曰：「馬也。」二世驚，自以爲惑，乃召太卜，令卦之。太卜曰：「陛下春秋郊祀，奉宗廟鬼神，齋戒不明，故至于此，可依盛德而明齋戒。」於是，乃入上林齋戒，日游弋獵。有行人入上林中。二世自射殺之。趙高教其女婿咸陽令閻樂，劾不知何人賊殺人，移上林。高乃諫二世曰：「天子無故賊殺不辜人，此上帝之禁也。鬼神不享，天且降殃，當遠避宮以禳之。」二世乃出居望夷之宮。留三日，趙高詐詔衛士，令士皆素服，持兵內鄉，入告二世曰：「山東羣盜兵大至。」二世上觀而見之，恐懼。高即因劫令自殺，引璽而佩之，左右百官莫從。上殿。殿欲壞者三。高自知天弗與，羣臣弗許，乃召始皇弟，授之璽。子嬰即位，患之，乃稱疾不聽事，與宦者韓談及其子謀殺高。高上謁，請病。因召入，令韓談刺殺之，夷其三族（見卷八七〈李斯列傳〉）。

案：清人吳見思曰：「《史記》附傳，皆附首末於一篇之中，獨趙高一傳，於此（指〈李斯列傳〉）紀其終，而其出處，反附於蒙恬傳內，是創法。」②其說是。他如《史記》無張騫傳，而其生平事迹，分詳〈衛將軍驃騎列傳〉與〈大宛列傳〉，亦當作如是觀，歸之於附傳。

附傳之作用

太史公撰《史記》，出以附傳，其作用有四：彰顯主旨，此其一；因應體例，此其二；精簡文字，此其三；補述逸人，此其四。茲分論於後，以明其梗概。

彰顯主旨——《史記》各篇均有主旨，而附傳形之於篇，可使主旨爲之彰顯，如〈管晏列傳〉之主旨爲知人，太史公之所以首記鮑叔牙於該傳，乃見鮑知管仲爲大才，足堪倚用，於焉薦於齊桓公，桓公信而不疑，擢之爲相，而管輔桓公，九合諸侯，一匡天下，推行經政大計，果有宏效，遂成名相，使主旨得以昭明。設別爲鮑立單傳，則嫌瑣碎；若改以鮑、管合傳記之，則鮑之事功，又不能與管相匹。在此兩難情形下，以附傳之例記鮑，豈非適宜！他如〈淮陰侯列傳〉記楚、漢相爭，韓信軍事勢力達至頂峯，有辨士蒯通，勸信背漢，而信不從，其義在點出信不造反之旨，亦屬附傳，而班固不明太史公之深義，抽出此段，加添其他資料，湊成〈蒯通傳〉，則精義全失，殊爲不倫。

因應體例——《史記》有世家之例。此體例，爲封侯者所立，除記原始封侯者之生平事迹外，且須交代其後裔，方屬完整。如〈絳侯周勃世家〉首記周勃之事，當其卒於孝文帝十一年之後，又詳載其子周亞夫之事，直至武帝元鼎五年，封國被撤爲止。由此可見，附傳出現於世家，實不得不爾。至李廣未嘗封侯，而太史公在〈李將軍列傳〉內，除記廣之一生外，復詳載其孫李陵之事，是實寄以深惜之情，乃改列傳爲世家之形式以記，可以變例視之。再者，凡某人不得單獨立傳，或難與他人合傳及入類傳者，則可以附傳補其不足，以免湮沒。如太史公於衞青、霍去病二人合傳後，歷記公孫賀、李息、公孫敖、李沮、李蔡、張次公、蘇建、趙信、張騫、趙食其、曹襄、韓說、郭昌、荀彘、路博德、趙破奴等將軍皆是。由此可見，太史公以附傳因應體例之處理，至爲允當。

精簡文字——世上很多事之發生與演變，並非全然個別性，而有主從之分，則應無疑。太史公記載魏其侯竇嬰與武安侯田蚡之爭鬥，即是一例。案竇、田之交惡，水火不容，固然起因於蚡之勢利，而導火線則是武將灌夫之使酒罵座，導致太后出面干政，極力護蚡，結果竇、灌被殺，下場至慘。像這樣錯綜複雜之事件，灌夫不能不寫，然又不能著墨太多，使賓主不分，故灌夫以附傳記之，最爲得體。

補述逸人——太史公甚重文獻之保留。凡其認爲足載者，雖不願遺漏，記事如此，記人更如此。試觀〈韓長孺列傳〉之贊語，其記乃友壺遂即是——「余與壺遂定律歷。觀韓長孺之義，壺遂之深中隱厚，世之言梁多長者，不虛哉！壺遂官至詹事，天子方倚以爲漢相，會遂卒；不然，壺遂之內廉行修，斯鞠躬君子也。」（見卷一〇八）設無附傳，則壺遂無以列入。清人牛運震曰：「太史公不爲壺遂立傳，然觀〈韓長孺傳〉贊語及〈自序〉篇中與壺遂問答語，則壺遂之爲人，本末具見矣。此即太史公所爲壺遂傳也。」③所言甚是，可供參稽。

結語

太史公博學高識，形之於篇，深義無限，對體例之運用，尤具卓見，令人讚歎！茲附傳析論於上，可知閱讀《史記》不可單篇爲之，而須前後貫穿，首尾兼及。果能如此，則附傳之妙用，當能體會，而感受益深。

註

①見中央大學《人文學報》第九期。

②見《史記論文》册六。臺灣中華書局。

③見《史記評注》卷一〇。空山堂乾隆辛亥刻本。

太史公思想的蠡測

前言

太史公之父司馬談，「愍學者之不達其意而師悖，乃論六家之要指」，標舉道家是「使人精神專一，動合無形，贍足萬物。其爲術也，因陰陽之大順，采儒、墨之善，撮名、法之要，與時遷移，應物變化。立俗施事，無所不宜。指約而易操，事小而功多」①。由於他對道家思想推崇備至，讚歎無已，世人於是對司馬遷的思想不無揣測，認爲他深受其父思想的影響，在《史記》字裡行間流露的大抵是道家思想，而主張他的思想是屬於道家的②。關於這個問題，筆者願從幾個角度來敬獻芻蕘，略作探討。

從體例來評估

不可否認，在春秋戰國這段時期，儒、道、墨三家勢力最大，號稱顯學。儒家的代表人物是孔子，道家的代表人物是老子，墨家的代表人物是墨子。三位聖哲在我國思想史上都有很傑出的貢獻，散發萬丈光芒，自成一家之言，深受時人的欽敬，足以勒名史册，流傳久遠。《史記》是部通史，旨在「究天人之際，通古今之變」，而太史公又是一位廣事蒐羅、鉅細靡遺的史學家，於是，這三位傑出不凡的思想家也就透過他那生花之筆，分別出現在情文並茂、雄深雅健的《史記》裡了。《史記》的體例，簡言有五：一是本紀，專記主政者之事；二是表，列表說明；三是書，專記典章制度；四是世家，專記列國侯王之事；五是列傳，專記名臣將相暨傳奇人物。界限分明，宛如涇渭。試看太史公是用何種體例來爲孔子作傳的？是用世家。是用何種體例來爲老子作傳的？是用列傳。又是用何種體例來爲墨子作傳的？是既不用世家，也不用列傳，只是附帶出現在〈孟子荀卿列傳〉的結尾而已。從這三種不同出現的方式來看，即可顯著地看出在太史公的心目中，對三位聖哲的評估是有等差的，那就是孔子最高，老子次之，墨子殿後。太史公是位卓越的史學家，也是位傑出的思想家。他對自己信奉的對象，一定有所抉擇，自然也就有所偏愛。以常理來判斷，他總不會對自己信奉的偶像用列傳的體例來敍述，而對思想與己有出入的哲人卻用世家的體例來作傳吧！或許有人會說，用世家的體例來記孔子，是屬變例。關於此點，筆者不敢苟同。因孔子有許多出色的弟子也都出現在《史記》裡，太史公是用列傳的體例來記述的③。假如孔子的弟子是用列傳的體例來作傳，而他們的老師孔子也是用列傳的體例來作傳，則試問二者有何差別？還能顯出孔子的超凡入聖嗎？又有人會提出孔子沒列土封王，怎能出現在世家裡？豈不自亂體例！關於此點，很好解釋，那就是在太史公的心目中，孔子雖無列土封王之名，卻有列土封王之實。在人類廣大的思想領域裡，他無疑是個「侯王」，是個足以用世家體例來記載的「侯王」。這從〈孔子世家〉、〈老子韓非列傳〉、〈孟子荀卿列傳〉的篇名、體例曁安排，即可看出太史公是個有心人，對儒家思想是嚮往的，醉心的，傾倒的。

從贊語來衡量

《史記》在每篇文末，常出以一己的評論，即所謂「贊」。從這些精湛的贊語中，最能看出太史公評騭人物的高下。說得通俗一點，也就是用幾句極精練的話，替某人作個蓋棺論定。

一、從評價來探索

從太史公對人物的評價中來探索太史公的思想，應是最客觀而可信的。現在讓我人來看看他在〈孔子世家〉的贊裡是怎樣說的？

《詩》有之：「高山仰止，景行行止。」雖不能至，然心鄉往之。余讀孔氏書，想見其為人。適魯，觀仲尼廟堂、車服、禮器，諸生以時習禮其家。余祇迴留之，不能去云。天下君王，至于賢人，衆矣，當時則榮，沒則已焉。孔子布衣，傳十餘世，學者宗之，自天子王侯，中國言六藝者，折中於夫子，可謂至聖矣④！

太史公為了寫〈孔子世家〉，親赴魯地，參觀了孔子的廟堂、車服、禮器；同時，看到學生還到孔子舊家習禮的光景，而使他留戀徘徊，不能離開。他的內心該是何等崇敬與思慕！他又認為孔子雖出身平民，但能傳十餘代，為學者所尊，實不亞於顯赫一時的侯王。至於天下言六藝的，無不以孔子所論的為準繩，則已明白地指出儒家思想的巨擘，非孔子莫屬，論其事功，實已遠邁昔賢，因此最後結以「至聖」二字。這「至聖」二字，絕非泛泛者所能用得出來的，眞是說到骨子裡，結得太好了；同時，凡能讚美的言詞，太史公也都適切地用上了。

這樣說來，太史公無疑是孔子的知己。再看他在〈老子韓非列傳〉的贊裡，對老子的評論又是怎樣呢？

老子所貴道，虛無，因應變化於無爲。故著書辭，稱微妙難識⑤。

他寥寥幾筆，只是就其無爲之道而著眼，微妙之辭以落墨，了無愛慕之意，仰鑽之忱，比起〈孔子世家〉贊，實在差得太遠，豈可計以道里！這些都有具體的文字擺在我人眼前，是個很明顯的事實，豈容筆者巧辭浮說，以惑明者的耳目！所以陳仁錫說得好：

史遷可謂知尊聖人之道者矣。班氏謂其先黃老而後六經。非也。觀其作《史記》，於孔子則立世家，於老氏但立傳。至論孔子，則曰可謂至聖；論老氏，但曰隱君子。非知足以知聖人，而能若是乎⑥！

陳氏這段話，純以比較法來論列，客觀公正，深獲筆者之心，諒必也能引起讀者的共鳴而被接納。至於太史公對墨子的評價又是如何？讓我們來看〈孟子荀卿列傳〉的結尾：

蓋墨翟，宋之大夫，善守禦，爲節用。或曰：竝孔子時。或曰：在其後⑦。

看了以上這段話，可知太史公對墨子只是略作介紹而已，筆墨省到了家，當然比不上老子，更不要說是和孔子相比了。從上列太史公的翰墨中，我人可以知悉太史公的思想是傾向儒家的，應無可疑。

二、從引書來測度

信奉某家學說，就熱中誦讀某家學說的典籍，是理所當然的事。這和唐朝韓愈一心一意想上繼聖人的道統，並矢志要「文以載道，以復古爲革命」，而在〈答李翊書〉中說「非三代兩漢之書不敢觀，非聖人之志不敢存」⑧，是一個道理。現在讓我們來看看太史公在《史記》精闢的贊語中引用那些典籍，再來認定他的思想到底是屬於那家的，似乎比較客觀公正些。

予觀《春秋》、《國語》，其發明五帝德、帝繫姓，章矣（見〈五帝本紀〉）。

余以頌次契之事。自成湯以來，采於《書》、《詩》（見〈殷本紀〉）。

故《書》道唐、虞之際，《詩》述殷、周之世（見〈平準書〉）。

余讀《春秋》古文，乃知中國之虞與荊蠻句吳兄弟也（見〈吳太伯世家〉）。

余讀世家言，至於宣公之太子以婦見誅，弟壽爭死以相讓，此與晉太子申生不敢明驪姬之過同，俱惡傷父之志，然卒死亡，何其悲也（見〈衞康叔世家〉）！

春秋譏宋之亂，自宣公廢太子而立弟，國以不寧者十世。襄公之時，修行仁義，欲爲盟主。其大夫正考父美之，故追道契、湯、高宗，殷所以興，作〈商頌〉（見〈宋微子世家〉）。

蓋孔子晚而喜《易》。《易》之爲術，幽明遠矣。非通人達才，孰能注意焉（見〈田敬仲完世家〉）。

《詩》有之：高山仰止，景行行止（見〈孔子世家〉）。

吾讀管氏〈牧民〉、〈山高〉、〈乘馬〉、〈輕重〉、〈九府〉及《晏子春秋》，詳哉其言之也（見〈管晏列傳〉）。

余讀《司馬兵法》，閎廓深遠，雖三代征伐，未能竟其義，如其文也亦少褒矣（見〈司馬穰苴列傳〉）。

世俗所稱師旅，皆道《孫子》十三篇，《吳起兵法》，世多有，故弗論，論其行事所施設者（見〈孫子吳起列傳〉）。

余以弟子名姓文字，悉取《論語》弟子問，并次爲篇，疑者闕焉（見〈仲尼弟子列傳〉）。

余嘗讀商君〈開塞〉、〈耕戰〉書，與其人行事相類，卒受惡名於秦，有以也夫（見〈商君列傳〉）！

余讀〈離騷〉、〈天問〉、〈招魂〉、〈哀郢〉、悲其志。……讀〈服鳥賦〉，同死生，輕去就，又爽然自失矣（見〈屈原賈生列傳〉）。

余讀陸生《新語》書十二篇，固當世之辯士（見〈酈生陸賈列傳〉）。

《書》曰：不偏不黨，王道蕩蕩，不黨不偏，王道便便（見〈張釋之馮唐列傳〉）。

《春秋》，推見至隱；《易》，本隱之以顯；《大雅》，言王公大人而德逮黎庶；〈小雅〉，譏小己之得失，其流及上。所以言雖外殊，其合德一也（見〈司馬相如列傳〉）。

《詩》之所謂戎狄是膺，荊舒是懲（見〈淮南衡山列傳〉）。

故言九州山川，《尚書》近之矣。至〈禹本紀〉、《山海經》所有怪物，余不敢言之也（見〈大宛列傳〉）。

綜上所列，去其重複，而舉其要者，得知太史公所引典籍，以屬儒家的最多，計有《春秋》、《國語》、《書》、《詩》、《晏子春秋》、《易》、《論語》、《新語》八種；其次屬法家的，計有《管子》、《商君書》二種；兵家的，計有《司馬兵法》、《孫子》、《吳起兵法》三種；再其次屬史部地理的，有《山海經》一種；文集的，有《楚辭》一種，而屬道家的卻付闕。太史公所引典籍，既以儒家爲最多，則其篤信的學說和表現的思想自然也應是儒家，一如「種瓜得瓜，種豆得豆」，其說至淺，其理至明；反之，假如引得最多的典籍是儒家，而其篤信的學說和表現的思想卻是道家，豈不成了南轅北轍！那有這個道理？所以筆者認爲太史公的思想應是屬於儒家的；不然，怎麼說得通？不過，以此論斷太史公的思想就是儒家，總嫌武斷些。因爲有些是傳中人物的作品，不得不提，然而就他廣引儒家經典的實例來看，其思想趨向儒家應是沒有問題的。

三、從引語來求證

信奉某家學說，就披覽某家學說的典籍；披覽某家學說的典籍，就受某家學說的感染，實是極其自然的事。因誦讀其書，時間一久，自然與之貌合而神似，行肖而言同，這就是潛移默化之功，變化氣質之效。證以前輩古人，孟子告以成聖之道，不外乎「服堯之服，誦堯之言，行堯之行」⑨，就是這個道理；孟子不惟以此告人，而且身體力行之，因此他言必稱堯、舜，實一最佳例證。孟子是如此，那麼，太史公又是如何呢？在沒作結論前，讓我們先來看看他在《史記》的贊中究竟引了那些話？

孔子曰：殷路車爲善，而色尚白（見〈殷本紀〉）。

孔子言必世然後仁。善人之治國百年，亦可以勝殘去殺（見〈孝文本紀〉）。

孔子言太伯可謂至德矣。三以天下讓，民無得而稱焉（見〈吳太伯世家〉）。

余聞孔子稱曰：甚矣！魯道之衰也。洙、泗之閒齗齗如也（見〈魯周公世家〉）。

孔子稱微子去之，箕子爲之奴，比干諫而死，殷有三仁焉（見〈宋微子世家〉）。

語有之：以權利合者，權利盡而交疏（見〈鄭世家〉）。

蓋孔子曰：以貌取人，失之子羽（見〈留侯世家〉）。

古人有言曰：愛之欲其富，親之欲其貴（見〈三王世家〉）。

語曰：將順其美，匡救其惡。故上下能相親也（見〈管晏列傳〉）。

豈所謂見義不爲，無勇者邪（見同前）！

此所謂進思盡忠，退思補過者哉（見同前）！

語曰：能行之者，未必能言；能言之者，未必能行（見〈孫子吳起列傳〉）。

鄙語云：尺有所短，寸有所長（見〈白起王翦列傳〉）。

鄙語曰：利令智昏（見〈平原君虞卿列傳〉）。

語曰：當斷不斷，反受其亂（見〈春申君列傳〉）。

孔子之所謂聞者（見〈呂不韋列傳〉）。

語曰：千金之裘，非一狐之腋也；臺榭之榱，非一木之枝也；三代之際，非一士之智也（見〈劉敬叔孫通列傳〉）。

語曰：變故亂常，不死則亡（見〈袁盎鼂錯列傳〉）。

語曰：不知其人，視其友（見〈張釋之馮唐列傳〉）。

仲尼有言曰：君子欲訥於言而敏於行（見〈萬石張叔列傳〉）。

孔子稱曰：居是國，必聞其政（見〈田叔列傳〉）。

故老子曰：美好者，不祥之器（見〈扁鵲倉公列傳〉）。

傳曰：其身正，不令而行；其身不正，雖令不從（見〈李將軍列傳〉）。

諺曰：桃李不言，下自成蹊（見同前）。

翟公乃大署其門曰：一死一生，乃知交情；一貧一富，乃知交態；一貴一賤，交情乃見（見〈汲鄭列傳〉）。

諺曰：人貌榮名，豈有既乎（見〈游俠列傳〉）？

茲檢太史公在贊中的引語，凡二十六條。其標明孔子的，有九條；不標明的，有二條，即「豈所謂見義不為」云云，見《論語．為政篇》；「傳曰其身正」云云，見《論語．子路篇》。此外，「語有之以權利合者」云云，義同《荀子．勸學篇》；「語曰將順其美」暨「所謂進思盡忠」云云，都見《孝經》；「古人有言曰愛之欲其富」云云，見《孟子．萬章篇》。職是，所引諸語，直接與儒家思想有關的，達一十五條之多，而與道家思想有關且標明為老子所說的，僅有一條，為數甚少，與前者相比，簡直不成比例。至於他條含義，除「翟公乃大署其門」一條，稍嫌消極，有些道家的味道，其餘也似都與儒家思想並行而不悖。由此可知，雖不能說太史公言必稱孔子，起碼孔子的思想不論是長度、廣度抑或深度都已對太史公起了很大的作用，影響殊為深遠，所以我們可以這麼說，太史公對人物的評估，是以儒家思想為椝矱的，這在他贊中的引語可以得一明證。究其成因，顯然是「手披目視、口詠其言、心惟其義」⑩而使然，宜乎清儒馮班要說：「史遷極重仲尼，史談乃重老子，父子異論。」⑪

結語

筆者不能不承認在《史記》這部不朽的鉅著裡，多少有點道家的色彩；但這與筆者前面論述的絕不矛盾。它的道理在那裡呢？那是因爲太史公作本紀、作世家、作列傳的對象有些是道家，而他只是不虛美，不隱惡，忠於事實，秉筆直書而已。茲試以老、莊爲例，若硬用儒家的思想來論列他們，豈不成了老、莊的身體，換上孔、孟的面貌！還能看嗎？認清這點，那麼當你看到〈孝文本紀〉、〈蕭相國〉、〈曹相國〉、〈留侯世家〉、〈老子韓非列傳〉等文對道家思想的讚美，也就不足爲怪了。再說天下的道理原本是相對的，而非絕對的。儒、道二家的思想，有他們相背之點，但也有他們相同之點，要想斷然畫開，壁壘分明，猶如棋枰上的楚河漢界、紅兵黑卒，事實上是有困難的。因此筆者認爲我人要探究太史公的思想，從《史記》謹嚴的體例和發自內心深處的贊語中去蒐集資料，加以探研剖析，應是最正確最可靠的。太史公的思想是道家抑或是儒家，我想論證在上，也毋庸筆者再贅言了。

註

①見《史記會注考證》卷一三〇、〈太史公自序〉第七十、頁一三六六。臺灣洪氏出版社。下同。

②見《司馬遷之人格與風格》章七、〈司馬遷的精神寶藏之內容〉、六、〈司馬遷之根本思想、道家〉、頁二一八至二二六。臺灣開明書局。

③見《史記會注考證》卷六七、列傳第七。

④見同前、卷四七、頁七六五。

⑤見同前、卷六三、頁八六〇。

⑥見同註④、引。

⑦見同前、卷七四、頁九四七。

⑧見《韓昌黎全集》冊一、卷一六、〈答李翊書〉、頁一一。《四部備要》。臺灣中華書局。下同。

⑨見《四書集注・孟子》卷一二、〈告子〉章句下、頁二八六。臺灣臺灣書店。

⑩見《韓昌黎全集》冊一、卷一五、〈上襄陽于相公書〉頁七。

⑪見《鈍吟雜錄》卷六、〈日記〉、頁二〇七。《筆記續編》。臺灣廣文書局。

太史公取材的實例

前言

太史公的《史記》，在我國史學界享有至高無上的榮譽，列爲正史之首，絕非偶然。其取材之謹嚴，無疑是一大主因，且爲後世留下極佳的準繩與軌範，頗多可採。

凡其事疑而不實者，則概不採錄

近人梁啓超先生說：「史者何？記述人類社會賡續活動之體相，校其總成績，求得其因果關係，以爲現代一般人活動之資鑑者也。」①歷史的可貴，在記取前人的經驗與教訓，以作來日行事的南針，所以史尚記實，已是不爭的事實。太史公撰《史記》，深明此道，所以凡其事疑而不實者，則概不採錄。試看太史公作本紀，從五帝開始，就是個很好的例子。因五帝的事跡，詳於經籍，斑斑可考，信而有徵，所以他就將他們的資料加以輯錄，筆之成文；反觀唐朝司馬貞補《史記》之不足，就無此見識。他在〈五帝本紀〉之前補寫了一篇〈三皇本紀〉。所謂「三皇」，就是蛇身人首的伏羲、女媧和人身牛首的神農。明眼人一看該紀，就知它是神話而不是歷史。他這一增添，表面上看來，似乎將我國的歷史向前推進了幾百年，實際上卻是畫蛇添足，多此一舉。又如太史公爲伯夷作傳，也是個很好的例子。其實像伯夷讓國的事跡，在他之前，還有許由、卞隨和務光。許由是堯時人，卞隨和務光都是夏末人。帝堯讓天下給許由，許由不受而隱遯；商湯先後讓帝位給卞隨和務光，卞隨和務光不但不受，而且一個投稠水而死，一個負石自沈於廬水。綜觀這三人的事跡，不可謂不高，比之伯夷，實不遜色；可是，他們三人的高行，從沒被孔子提到過，又不曾見於儒家的經典，而只見於《莊子》②，跟伯夷不同。再說《莊子》一書，原多寓言，自然也就疑竇重重，信度大有問題，所以在自來讓國的高士中，太史公只取伯夷作傳，實是很有見地的。又如他爲仲尼弟子作傳，說其資料「悉取《論語》弟子問，并次爲篇，疑者闕焉」③，是何等的愼重與高明！因在先秦古籍中，記載仲尼弟子的行事，其中最可信的，莫過於《論語》。現在看來，當然沒什麼稀奇；可是，在當時有此識見，就很不簡單了，而他即據該書來作傳，眞是別具隻眼，高人一等。降及後世，竟還有若干先生根據僞書《孔子家語》來考訂或補述《史記・仲尼弟子列傳》，那眞是有欠考慮，而不可跟太史公同年而語了。綜上所述，可見太史公的取材，用孔子說的「多聞闕疑、愼言其餘」④來形容，應是再恰當也不過了。

凡傳中人物有專著可傳者，則不贅其內容

撰史不易，作者必須具有高人一等的識見，才能在選材方面，取捨適中，繁簡合度。太史公撰《史記》，即具此卓見，所以凡傳中人物有專著可傳者，則不贅述其內容，以免筆墨費盡，而反顯雜沓；唯單篇文章則不在此限。如該書的〈管晏列傳〉，就是個具體的例子，可以拿來作個說明。管仲和晏嬰是春秋時齊國先後的賢相，勳重當世，澤及後裔，雖各有《管子》和《晏子春秋》傳世，然而太史公卻不在他倆的專著上費力氣，作文章，這在該傳的結語中可以得到證明——「吾讀管氏〈牧民〉、〈山高〉、〈乘馬〉、〈輕重〉、〈九府〉及《晏子春秋》，詳哉其言之也。既見其著書，欲觀其行事，故次其傳。至其書，世多有之，是以不論，論其軼事。」⑤又如他在〈司馬穰苴列傳〉中說：「世既多《司馬兵法》，以故不論，著穰苴之列傳焉。」⑥在〈孫子吳起列傳〉中說：「世俗所稱師旅，皆道《孫子》十三篇、《吳起兵法》，世多有，故弗論，論其行事所施設者。」⑦即可見其一斑；同時，也可知其撰寫的義例。進言

之，若傳中人物是以專著見稱而非記不可者，則也不過是略作介紹而已。這在該書的〈老子韓非列傳〉中可以得到印證。例如他記身世如謎的老子是「關令尹喜曰：『子將隱矣。彊為我著書。』於是老子迺著書上、下篇，言道德之意，五千餘言而去，莫知其所終。或曰：老萊子亦楚人也。著書十五篇，言道家之用，與孔子同時云」⑧；記莊周是「其學無所不闚，然其要本歸於老子之言，故其著書十餘萬言，大抵率寓言也。作〈漁父〉、〈盜跖〉、〈胠篋〉，以詆訿孔子之徒，以明老子之術；畏累虛、亢桑子之屬，皆空語無事實」⑨；記申不害是「申子之學，本於黃、老，而主刑名，著書二篇，號曰《申子》」⑩；記韓非是「喜刑名法術之學，而其歸本於黃、老。……以為儒者用文亂法，而俠者以武犯禁，寬則寵名譽之人，急則用介冑之士。今則所養非所用，所用非所養，悲廉直不容於邪枉之臣，觀往者得失之變，故作〈孤憤〉、〈五蠹〉、〈內外儲〉、〈說林〉、〈說難〉，十餘萬言」⑪。至於在「十餘萬言」之後，接引大段〈說難〉的文字，那只是太史公為了要表明「獨悲韓子為說難，而不能自脫耳」⑫，全然是感懷身世，以韓自況，別有用意，方作如此安排；反之，如傳中人物之術，盛於當世，而未必可傳者，則不惜筆墨，以論述之。此無他，雖小道，必有可觀者焉，深懼其湮沒而無聞。這就是為什麼在〈孟子荀卿列傳〉中，記孟子只說「天下方務於合從連衡，以攻伐為賢，而孟軻乃述唐、虞三代之德，是以所如者不合，退而與萬章之徒，序《詩》、《書》，述仲尼之意，作《孟子》七篇」⑬；記荀子只說「嫉濁世之政，亡國亂君相屬，不遂大道，而營於巫祝，信禨祥；鄙儒小拘，如莊周等又滑稽亂俗。於是推儒、墨、道德之行事興壞，序列數萬言而卒，因葬蘭陵」⑭，而記騶衍的陰陽五行之說，卻要用上好幾百字，反詳於主角孟、荀二儒。明乎此，即可知筆者所言不虛。

凡取材為傳者，均能把握其特色

《史記》一百三十篇，各有其面貌，這是非常難能可貴的，而其所以有不同的面貌，無疑跟取材能把握特色有密切的關係。常言道：「人心不同，各如其面。」其實衆生芸芸，各人所表現的也都不盡相同，而史家爲人作傳，就須捕捉傳中人物所具特色的部份，予以組織，透過生花之筆，使之躍然於簡素，以利後人一睹該文，就能確知其人。歷史絕非流水帳，大可不必鉅細靡遺，全數登錄，而要緊的是能取其精，識其弘；否則，勢必累簡盈册，不能盡其一事；長篇大論，無以終其一人。有關此點，太史公處理得很好。例如他爲屈原作傳，知屈氏是辭賦之祖，就採錄了他的〈漁父〉、〈懷沙〉二賦，而這兩篇賦也正貼切地表現了屈氏光明俊偉的節操，衆昏獨醒的志行。又如他爲賈誼作傳，知他與屈原相仿，就採錄了他的〈弔屈原賦〉、〈服鳥賦〉，而賈生在辭賦發展史上確居承先啓後的地位，因他上承屈、宋，下開枚、馬；同時，在這兩篇賦中也隱約地表露了賈生落落寡合的情懷，而以屈原自喻的心聲，所以太史公就將他和屈原合爲一傳。這是很對的。太史公記文彩翩翩、才情橫溢的辭人是如此，那麼寫衝鋒陷陣、縱橫疆場的武將又將如何呢？試看他爲白起、王翦作傳，記載的都是攻城掠池的戰役，斬將搴旗的勳績，一看就知秦朝的江山十之八九是他倆打下來的，是不可多得的良將，宜乎太史公在〈自序〉中要說「南拔鄢、郢，北摧長平，遂圍邯鄲，武安爲率。破荊滅趙，王翦之計」⑮。此外，太史公作的類傳，如〈循吏〉、〈儒林〉、〈酷吏〉、〈游俠〉、〈佞幸〉、〈滑稽〉、〈貨殖〉等，無不在各篇的主旨下，廣蒐人物，多方取材，經過嚴格的過濾，再加組合、穿聯成文的，當然特色也就格外顯著彰明了，所以梁啓超先生說：「一個人的性格興趣及其作事的步驟，皆與全部歷史有關，太史公作《史記》，最看重這點，後來的正史，立傳猥雜而繁多，幾成爲家譜、墓誌銘的叢編，所以受人詬病。其實《史記》並不如此，《史記》每一篇列傳，必代表某一方面的重要人物。如〈孔子世家〉、〈孟荀列傳〉、〈仲尼弟子列傳〉，代表學術思想界重要的人物；〈蘇秦張儀列傳〉，代表造成戰國局面的遊說之士；〈田單樂毅列傳〉，代表有名將帥；四公子平原、孟嘗、信陵、春申列傳，代表那時新貴族的勢力；〈貨殖列傳〉，代表當時經濟變化；〈游俠列傳〉、〈刺客列傳〉，代表當時社會上一種特殊風尚，每篇都有深意，大都從全社會著眼，用人物來做一種現象的反影，並不是專替一個人作起居注。」⑯由此可見，太史公在取材方面，確有其不凡之處。進言之，正因太史公取材能切實把握特色，所以記述人物都能栩栩如生，各有其面貌，而使人讀後的感受也就格外分明與強烈了。

凡足迹所及，則博採軼事，以補正史料

太史公足迹遍天下。他曾東至現在的河北、山東及江浙沿海，南至湖南、江西、雲南、貴州，西至陝西、甘肅、西康，北至長城等地，這在當時交通極不方便的情形下來言，實是一件非常不易的事。他除了飽覽天下名山大川，開闊自己的胸襟外，並且博採軼事，巧妙地安插在各篇的結語裡，以補正史料，使全文爲之而生色，頗有畫龍點睛之妙。他在補軼方面做得很多，也做得很好。茲析論於下，以見其梗概：

一、**用來解釋名詞**——例如他在〈夏本紀〉中說：「或言禹會諸侯江南，計功而崩，因葬焉，命曰會稽。會稽者，會計也。」⑰在〈魏公子列傳〉中說：「吾過大梁之墟，求問其所謂夷門。夷門者，城之東門也。」⑱經他這麼一解釋，使人讀來益感眞實與親切。

二、**藉以記載奇異**——例如他在〈項羽本紀〉中說：「吾聞之周生曰：『舜目蓋重瞳子。』又聞項羽亦重瞳子，羽豈其苗裔邪？何興之暴也？」⑲雙瞳孔的人是少之又少的，當然要記上一筆，而且這一筆記上，項羽的身價又不同了，因他似乎成了舜的後裔，而無形中劉邦也就相形見絀。

三、兼論風土人情——例如他在〈齊太公世家〉中說：「吾適齊，自泰山屬之琅邪，北被于海，膏壤二千里，其民闊達，多匿知，其天性也。」⑳在〈孟嘗君列傳〉中說：「吾嘗過薛，其俗閭里率多暴桀子弟，與鄒、魯殊。問其故曰：『孟嘗君招致天下任俠姦人入薛中，蓋六萬餘家矣。』世之傳孟嘗君好客自喜，名不虛矣。」㉑以歷史和風土人情相結合，是前所未有的，太史公的觀察，委實敏銳而深入。

四、襯托所記屬實——例如他在〈淮陰侯列傳〉中說：「吾如淮陰。淮陰人爲余言：『韓信雖爲布衣時，其志與衆異；其母死，貧無以葬，然乃行營高敞地，令其旁可置萬家。』余視其母冢，良然。」㉒此一補軼，可證該傳起首所記韓信寄食亭長家、漂母施飯於韓信、韓信受辱於胯下三事爲不假，以示信之爲人，極其忠厚，若再回應「令其旁可置萬家」這句話，即可清楚韓信自始至終只有封萬戶侯之心，絕無叛逆篡奪之意，其之遭殺，全屬誣陷。

以上這些軼事，雖都得之耳聞，然無不經過太史公的印可，才一一補入；不然，即使見諸簡策，也都不予採用，這在〈大宛列傳〉中說得很明白——「至〈禹本紀〉、《山海經》所有怪物，余不敢言之也」㉓，用這樣的態度來撰史，那有不可信、不可靠的？自能著其明而闕其疑，所以太史公在補軼之餘，還能駁正時俗的謁傳。例如他在〈周本紀〉中說：「學者皆稱周伐紂，居洛邑。綜其實，不然。武王營之，成王使召公卜居，居九鼎焉，而周復都豐鎬。至犬戎敗幽王，周乃東徙于洛邑。所謂『周公葬我畢』，畢，在鎬東南杜中。」㉔在〈刺客列傳〉

中說：「世言荊軻其稱太子丹之命：『天雨粟，馬生角也。』太過。又言荊軻傷秦王，皆非也。始公孫季功、董生與夏無且游，具知其事，爲余道之如是。」㉕以上二事都是力求眞相的證明，極爲用心。以此觀之，太史公的取材，又該是多麼的認眞與踏實！稱《史記》是部活的歷史，應該不算過譽。

結語

贅述至此，並非說太史公的《史記》已經到了完全正確無僞的地步，那顯然是不可能的。因果眞如此，則清人梁玉繩的《史記志疑》又將從何產生？不過，話得說回來，太史公的取材，確有發凡起例之功，則是不可否認的。

註

①見《梁啓超學術論叢》册三、史學類（一）：《中國歷史研究法》、頁一七一九。臺灣南嶽出版社。下同。

②許由事詳《莊子》〈天地〉、〈讓王〉篇；卞隨、務光事並詳《莊子・讓王》。「務光」《莊子》作「瞀光」。

③見《史記會注考證》卷六七、頁八九〇。臺灣洪氏出版社。下同。
④見《四書集注・論語》卷一、〈爲政〉第二、頁五一。臺灣臺灣書店。下同。
⑤見《史記會注考證》卷六二、頁八五二。
⑥見同前、卷六四、頁八六三。
⑦見同前、卷六五、頁八六八。
⑧見同前、卷六三、頁八五四。
⑨見同前、頁八五五。
⑩見同前、頁八五六。
⑪見同前。
⑫見同前、頁八六〇。
⑬見同前、卷七四、頁九四四。
⑭見同前、頁九四六。
⑮見同前、卷一三〇、頁一三七七。
⑯見同①《中國歷史研究法補編》頁一八七五。
⑰見《史記會注考證》卷二、頁五三。
⑱見同前、卷七七、頁九六五。

⑲見同前、卷七、頁一五八。
⑳見同前、卷三二、頁五六四。
㉑見同前、卷七五、頁九五四。
㉒見同前、卷九二、頁一〇七四。
㉓見同前、卷一二三、頁一三一六。
㉔見同前、卷四、頁八八。
㉕見同前、卷八六、頁一〇三二。

太史公徵獻的實例

前言

孔子說：「夏禮，吾能言之，杞不足徵也；殷禮，吾能言之，宋不足徵也。文獻不足故也。足，則吾能徵之矣。」①孔子是偉大的史學家，從他這段話中，除可瞭解他對夏、殷二禮的憂心與珍視外，並指示了正確的治史之道，那就是求證文獻，不可偏廢。據朱熹的注解：文是典籍；獻是賢②。前者指物，後者指人。以典籍作爲撰史的憑藉，揆諸史家，大都能做到，至於諮諏賢士，印證史料，那就很少能履及了。關於此點，西漢太史公卻做得很好，宜乎他的《史記》能冠冕典册，享譽最隆。

行迹遍天下

諮諏賢士、印證史料的先決條件，是周覽各地，廣泛接觸。關於此點，太史公確有其與衆不同的優厚條件，那就是他有機會追隨武帝到各地去祭祀山川諸神而行封禪之禮。這在他的《史記》中曾兩次提及：一見〈武帝本紀〉，一見〈封禪書〉，而後世史家卻沒他幸運，無此良機，當然，諮諏賢士、印證史料一道也就不易做到，只好退而求其次，以典籍作爲撰史的唯一憑藉了。正因如此，故我人在《史記》中可不時發現他所記載的遊歷。茲節錄於後，以明其梗概：

余嘗西至空峒，北過涿鹿，東漸於海，南浮江、淮矣（見〈五帝本紀〉）。

余南登廬山，觀禹疏九江，遂至于會稽太湟，上姑蘇，望五湖；東闚洛汭、大邳、迎河，行淮、泗、濟、漯、洛渠；西瞻蜀之岷山及離碓；北自龍門，至于朔方（見〈河渠書〉）。

吾適齊，自泰山屬之琅邪，北被于海，膏壤二千里（見〈齊太公世家〉）。

吾適故大梁之墟（見〈魏世家〉）。

適魯（見〈孔子世家〉）。

余登箕山（見〈伯夷列傳〉）。

余嘗過薛（見〈孟嘗君列傳〉）。

吾過大梁之墟（見〈信陵君列傳〉）。

吾適楚（見〈春申君列傳〉）。

適長沙（見〈屈原賈生列傳〉）。

吾適北邊，自直道歸，行觀蒙恬所爲秦築長城亭障，塹山堙谷，通直道，固輕百姓力矣（見〈蒙恬列傳〉）。

吾如淮陰（見〈淮陰侯列傳〉）。

吾適豐沛（見〈樊酈滕灌列傳〉）。

二十而南游江、淮，上會稽，探禹穴，闚九疑；浮於沅、湘，北涉汶、泗，講業齊、魯之都，觀孔子之遺風。鄉射鄒、嶧，戹困鄱、薛、彭城，過梁、楚以歸。於是，遷仕爲郎中，奉使西征巴、蜀以南，南略邛、筰、昆明，還報命（見〈太史公自序〉）。

綜上所錄，可悉太史公迹遍天下，閱歷豐富，後世史臣實難望其項背，故其記事備見眞切生動；同時，由於他能諮諏賢士，印證史料，故其論斷也就深中肯綮，高人一等，自非他書可比，餘子能及。至於蘇轍贊說「太史公行天下，周覽四海名山大川，與燕、趙間豪俊交游，故其文疏蕩，頗有奇氣」③，那是史學外的另一成就，已屬餘事了。

徵獻之實例

明瞭太史公的迹遍天下、接觸廣泛後,接著我人再回過頭來談談太史公在周覽各地之際,對賢士故老的請益與求證。茲列舉實例於後,以知其崖略:

一、徵獻以證文

《論衡》說:「夫知古不知今,謂之陸沈。……夫知今不知古,謂之盲瞽。」④為終古的黃帝、顓頊、嚳、堯、舜作紀,是件十分吃力的事,因年代久遠,資料有限,且疑信參半,文詞艱澀,取捨之間,殊為不易。太史公深明此點,除一邊廣蒐資料,予以分析比較外,一邊則走訪長老,辨其眞僞得失。他「西至空峒,北過涿鹿,東漸於海,南浮江、淮」⑤,從各地長老們的口述中,獲知黃帝、堯、舜之地,其風俗教化固不盡相同,然而「總之,不離古文者近是」⑥,這是他所得的結論。所謂古文,是指《尚書》。於是,他就一併論列,擇取典籍中文字雅順的,作成了〈五帝本紀〉。以這樣的態度來撰史,自能周詳綿密,平穩妥貼,客觀公正,取信於人,宜乎後世治《尚書》的,無不樂取該紀來相印證與發明。例如以取材為主的,有近人王國維的〈史記所謂古文說〉、劉師培的〈史記述堯典考〉、章炳麟的〈太史公古文尚書說〉。以專題爲主的，有宋人高登的〈史記敍敎熊羆貔貅貙虎以戰爭〉、范浚的〈五帝紀辯〉；清人李鄴嗣的〈五帝本紀論〉、惲敬的〈讀五帝本紀〉、臧琳的〈五帝本紀書說〉、黃世榮的〈史記五帝本紀不列少昊說〉、路心謙的〈御覽九引史記曰蚩尤氏能征風召雨與黃帝爭强帝滅之於冀今本史記無此文說〉；近人陳柱的〈史記五帝本紀講記〉、姚豫太的〈臧琳五帝本紀書說正〉、周實的〈讀史記五帝本紀〉、朱希祖的〈史記本紀起於黃帝說〉、梁勁的〈評史記五帝本紀〉，以及日人平岡武夫的〈五帝本紀的新研究〉，眞是雲蒸霞飛，猗歟盛哉！由此可知，太史公的徵獻以證文，對後世的影響該是多麼的深遠！

二、徵獻以析理

《韓詩外傳》說：「夫明鏡者，所以照形也；往古者，所以知今也。」⑦太史公撰〈趙世家〉時，曾向馮王孫請敎。馮氏告訴他說：「趙王遷，其母倡也。嬖於悼襄王。悼襄王廢適子嘉而立遷。遷素無行信讒，故誅其良將李牧，用郭開。」⑧使太史公瞭解趙國的衰亡，趙王遷的無道是一大關鍵。於是，他就將它納入贊語，而下結論，說：「豈不謬哉！秦既虜遷，趙之亡大夫，共立嘉爲王，王代六歲。秦進兵破嘉，遂滅趙以爲郡。」⑨眞是識見高遠，別具隻眼。唐順之說：「太史公論趙世家，獨及王遷者，以遷信讒誅將，趙宗以覆，蓋罪之也。太史凡于美刺，但揭其要者，此殆一端耳！」⑩可說是很能探索太史公的筆法。王夫之說：「所貴乎史者，述往以爲來者師也。爲史者記載徒繁，而經世之大略不著，後人欲得其得失之樞機，以效法之，無繇也，則惡用史爲？」⑪太史公之所以無此錯失，顯跟兼顧徵獻工作有關；不然，若一味墨守文字資料，則怎能吸取賢士故老的經驗，掌握歷史演進的得失，進而提出艮規，以作後人的南針呢！故太史公的徵獻以析理，是很能把握撰史的要訣的。

三、徵獻以評人

齊國孟嘗君田文，有食客三千，是盡人皆知的事。太史公撰〈孟嘗君列傳〉時，曾親至薛地查訪，發現該地子弟大都暴桀，跟鄒、魯一帶的不同，就向當地人查問原因，當地人告以「孟嘗君招致天下任俠姦人入薛中，蓋六萬餘家矣」⑫，使他頓悟該地子弟之所以暴桀，全是受了孟嘗君的影響。於是，他就議論，說：「世之傳孟嘗君好客自喜，名不虛矣。」⑬在此我人要特別注意的是太史公指出孟嘗君所好的是「客」而不是「士」。既是客，品類就混雜而不高，這是顯而易見的事。降及趙宋，王安石就據此而撰文，說：「嗟乎！孟嘗君特雞鳴狗盜之雄耳！豈足以言得士？不然，擅齊之强，得一士焉，宜可以南面而制秦，尚取雞鳴狗盜之力哉？雞鳴狗盜之出其門，此士之所以不至也。」⑭這段論說確是鋒發而有見地；但，我人稍一深思，即可發現安石之所以有此傑作，實是受了太史公的啓示。故太史公的徵獻以評人，端是精微而高妙。

四、徵獻以論史

司馬光謂戰國四公子，以魏國信陵君無忌最賢，當居首位⑮。其說甚是。太史公撰〈信陵君列傳〉，對其禮遇大梁夷門監侯嬴一事，記述頗詳，描繪至細，在《史記》諸篇中算是出色的了，而太史公之所以有此精妙的記載，顯然是得力於實地考察，求證時人，這從他在該傳贊語中所說的「吾過大梁之墟，求問所謂夷門。夷門者，城之東門也」⑯，即可得到證明。正因如此，他對信陵君的瞭解，自較他人眞切，所下的論斷也就格外精深。試觀他對信陵君的評價是「天下諸公子，亦有喜士者矣，然信陵君之接巖穴隱者，不恥下交，有以也！名冠諸侯，不虛耳」⑰！該多推崇！顯比名過其實的孟嘗君要高出許多。如以孔子所謂的「聞」跟「達」⑱來論二者，則孟嘗君是屬「聞」，信陵君是屬「達」。說到魏國的傾覆，太史公有一段議論，頗耐人尋味，是「吾適故大梁之墟。墟中人曰：『秦之破梁，引河溝而灌大梁，三月城壞，王請降，遂滅魏。』說者皆曰：『魏以不用信陵君，故國削弱，至於亡。』余以爲不然，天方令秦平海內，其業未成，魏雖得阿衡之佐，曷益乎」⑲？而劉知幾駁以「夫論成敗者，固當以人事爲主，必推命而言，則其理悖矣」⑳。認爲太史公將魏國的滅亡，歸於天命，是不對的。殊不知太史公之所以如此議論，完全是一種反面的說法，因上有「說者皆曰：『魏以不用信陵君，故國削弱，至於亡』」這段話。再說太史公是最不信天命的。例如項羽身死東城，不知覺寤自責，而委過於天，太史公即斥以「豈不謬哉」㉑！就是一個最好的證明，故筆者認爲徐孚遠所說的「魏用信陵，則從約必成；從約既成，六國可存也。贊語乃深恨之辭耳」！以及鍾惺所說的「此正悲魏不用信陵，以亡其國，而爲此誕語也。讀本傳自知之。古人文字反說處，今人多不解」㉒，才是正評佳論，而劉氏僅就文字表面去瞭解，自難洞悉太史公的用心與筆意。故太史公的徵獻以論史，確有其獨到之處。

五、徵獻以證事

太史公撰〈刺客列傳〉，自春秋至戰國，共錄五人，即曹沫、專諸、豫讓、聶政與荊軻。其時代愈遠，敍述愈簡；時代愈近，敍述愈詳，這是很合情理的，故在該傳中以寫荊軻所費的筆墨最多，描寫也最傳神。有人會說《史記》荊軻記的資料大都採自《戰國策》的〈燕策〉，只是高漸離的部份，太史公增添枝葉而已。這是事實，不容否認；不過，我人要注意的是他在贊語中的幾句話，即「世言荊軻，其稱太子丹之命，『天雨粟，馬生角也。』太過！又言荊軻傷秦王，皆非也。始公孫季功、董生與夏無且游，且知其事，爲余道之如是」㉓。從而可得兩點證明：「天雨粟、馬生角」的說法，是不實的，此其一；軻之行刺，並未傷及秦王，此其二。因夏無且是秦始皇的御醫，不但目睹軻刺始皇，而且在始皇危急時，還用藥囊擲軻，使其分心，救了始皇的命，獲賜黃金二百鎰。經過無且的證實，當然是最可信的了。無且講給公孫季功聽，季功講給董生聽，董生再講給太史公聽，實是最有力的人證，而使該事不致生疑，這就是太史公的高明處。因他能求證長老，使該事白骨生肉，並收畫龍點睛之妙。這樣說來，劉向、揚雄稱太史公的鉅著爲實錄㉔，絕非溢詞過譽。故太史公的徵獻以證事，足資後世史家取法。

六、徵獻以補事

太史公記事有一定的筆法，凡逸事都補於贊語中，而這些逸事大都得自賢士故老的口述。由於這些逸事的加插，更可加深文中人物的奇特與趣味。例如他在〈項羽本紀〉中說：「吾聞之周生，曰：『舜目蓋重瞳子。』又聞項羽亦重瞳子。羽豈其苗裔邪？何興之暴也？」㉕案：所謂重瞳子，是一個眼睛有兩個瞳孔，兩個眼睛有四個瞳孔，這在人類中是很少的，而人物的記述，貴在記異，故太史公特加補入；同時，將項羽說成概是舜的後裔，無形中將羽的地位提高很多，相對的，劉邦的地位也就被貶低不少，這跟他列羽爲本紀而不入列傳，實可相互發明，頗具深義，像這樣的取材與安排，在後世的墳典中是看不到的。例如《宋史．司馬光列傳》，撰者將光幼時破甕救童之事，載於傳首㉖，總給人有個感覺，是失之於細，不見其大，且直述其事，生動固嫌不足，信度也爲之而降低；反之，若能效太史公的藉言記事，以補逸事的方式出現，則效果就不一樣了，讀者當能體會，毋庸筆者贅述。故太史公的徵獻以補事，顯然是一大創作與妙用。

七、徵獻之務愼

太史公對賢士故老所提資料的處理是很愼重的，即求證獲實後才用。因他深明稍一不愼，就會流於街談巷語，道聽塗說，違離眞相，形同小說。試觀他撰樊（噲）、酈（商）、滕（夏侯嬰）、灌（嬰）列傳，在贊語中首說：「吾適豐沛，問其遺老，觀故蕭（何）、曹（參）、樊噲、滕公之家，及其素，異哉所聞！方其鼓刀屠狗賣繒之時，豈自知附驥之尾，垂名漢庭，德留子孫哉！」㉗接著，又求證了跟他交往甚密的他廣。他廣是樊噲的孫子。直至確知「高祖功臣之興時若此云」㉘，然後才將它採入。今人徐文珊說：「此文即由此兩方面彙合而來，其認眞精神可佩，其忠實性可信。」㉙太史公這樣小心求證，而後落墨成文，在該傳中作用有二：一在論述高祖功臣未顯時，確具慧眼識英雄的先見，故能日後成爲佐命元勳；一在使人物的刻畫突出，益富眞實性，而收栩栩如生之功，歷歷在目之效。故徐說可信。再看《漢書》就沒這樣的功力了。因班固只是照錄《史記》的原文，更易字數而已，又最失算的是在贊語中抹去了太史公的徵獻部分，當然要遜色很多。班氏尚且如此，其餘的也就更不必談了。故太史公對徵獻資料的愼重處理與應用，是非常明智與正確的。

結語

《申鑒》說：「世人鏡鑒，前惟順，人惟賢，鏡惟明。」㉚處世取鑒是如此，撰史取鑒又何嘗不是如此？筆者在此借用該語，語中所謂的「前」，可喻作史事；「人」，可喻作賢士；「鏡」，可喻作典册，而撰者務須三者兼顧，愼於取用，才能記事翔實，說理周密，評論公允；不然，勢必「爲文則失六經之古風，紀事則非史遷之實錄」㉛，價值驟減，取法無繇。孔子標舉文獻並重，太史公身體而力行之，已爲史界立下準則與楷模，令人無限敬佩。是文之作，乃筆者讀《史記》之餘，偶有所感，率爾操觚，以誌其善耳！設有一得可採，則愚者何幸！

註

①見《四書集注・論語》、卷二、〈八佾第三〉、頁五六。臺灣臺灣書店。
②見同前。
③見《欒城集》册二、卷二二、〈上樞密韓太尉書〉、頁一。《四部備要》。臺灣中華書局。
④見卷十二、〈謝短〉、頁一二六。《四部叢刊初編・子部》。臺灣商務印書館。

⑤見《史記會注考證》卷一、〈五帝本紀〉第一、頁三九。臺灣洪氏出版社。下同。
⑥見同前。
⑦見卷五、頁四五。《四部叢刊初編・經部》。臺灣商務印書館。
⑧見《史記會注考證》卷四三、〈趙世家〉第十三、頁七〇九。
⑨見同前。
⑩見《史記評林》冊三、卷四三、〈趙世家〉第十三、頁二四、引。臺灣蘭臺書局。下同。
⑪見《船山遺書全集》冊一四、《讀通鑑論》、卷六、頁九。中國船山學會、臺灣自由出版社。
⑫見《史記會注考證》卷七五、〈孟嘗君列傳〉第十五、頁六九四。
⑬見同前。
⑭見《臨川集》冊三、卷七一、〈讀孟嘗君傳〉、頁八。《四部備要》。臺灣中華書局。
⑮見《司馬文正集》卷一三、〈四豪論〉、頁五。《四部備要》。臺灣中華書局。
⑯見《史記會注考證》卷七七、〈魏公子列傳〉第十七、頁九六五。
⑰見同前。
⑱見《四書集注・論語》卷六、〈顏淵〉第十二、頁一一三。
⑲見《史記會注考證》卷四四、〈魏世家〉第十四、頁七二二。
⑳見《史通通釋》冊二、卷一六、〈雜說上〉、頁九。《四部備要》。臺灣中華書局。

㉑見《史記會注考證》卷七、〈項羽本紀〉第七、頁一五九。
㉒見《史記評林》卷四四、〈魏世家〉第十四、頁一三、引。
㉓見《史記會注考證》卷八六、〈刺客列傳〉第二十六、頁一〇三二。
㉔見《漢書補注》冊二、卷六二、〈司馬遷列傳〉第三十二、頁一二五八。臺灣藝文印書館。
㉕同註㉑。
㉖見《宋史》冊五、卷三三六、〈司馬光列傳〉、頁四二四二。臺灣藝文印書館。
㉗見《史記會注考證》卷九五、〈樊酈滕灌列傳〉第三十五、頁一〇九二。
㉘見同前。
㉙見《史記評介》章七、〈述評及札記〉、頁三三一。臺灣維新書局。
㉚見《雜言》上第四頁二三。《四部叢刊初編・子部》。臺灣商務印書館。
㉛見《舊唐書》冊三、卷一六〇、〈李翺列傳〉、頁二一〇〇。臺灣藝文印書館。

太史公的史識

前言

一部好史書，必須具備精微的識見，給予讀者啓示跟惕厲；否則，跟普普通通的傳記有什麼兩樣？跟平平常常的碑文又有什麼不同？太史公的《史記》所以能卓越不羣，高視百代，成爲正史的冠冕，必有其可觀之處，而依我個人的看法，其史識高妙超拔應是一大主因，所以我們讀《史記》必須掌握這個要訣，才能心領神會，別有所悟。

透視太史公的識見

從篇名來看，太史公對身分相同的人給予不同的稱謂，可使我們從中獲知他對各人評價的高低。例如戰國四公子——齊國田文、趙國趙勝、楚國黃歇、魏國魏無忌，都是很漂亮的人物，而在一般人的心目中似乎以田文的名氣最大；可是，太史公觀察敏銳，並不作如是觀。他根據四公子的才具、事功跟影響來衡量，發現當屬魏無忌第一，所以當他命篇時，田文以孟嘗君稱之，趙勝以平原君稱之，黃歇以春申君稱之，唯獨魏無忌以魏公子稱之，並且在〈魏公子列傳〉裡屢稱無忌為公子，多達一百四十七次，眞是仰慕之情，表露無遺。由此可見，太史公對篇名的擬定很有識見，那是率爾為之的呢！

從目次來看，太史公將〈李將軍列傳〉擺在〈匈奴列傳〉之前，可知在他心目中認為眞正能壓服匈奴的，在大漢衆將中只有李廣一人，而事實上也確是如此。倘若不信，試看盛唐王昌齡在其〈出塞〉中吟道：「秦時明月漢時關，萬里長征人未還；但使龍城飛將在，不教胡馬度陰山。」指的不就是李廣嗎？明乎此，則太史公在目次上作這樣的編排，應是很有識見的，而後世史家有誰能夠做到？

從取材來看，《史記》有〈循吏列傳〉，記的都是奉公守法的好官吏，而這些奉公守法的好官吏都是先秦以前的，沒有一個是漢朝的；反之，有〈酷吏列傳〉，記的都是好殺成性的惡官吏，而這些好殺成性的惡官吏都是漢朝的，沒有一個是先秦以前的，你說怪不怪！又〈循吏列傳〉記的好官吏是五個，〈酷吏列傳〉記的惡官吏是十個，後者剛好是前者的一倍，你說巧不巧！我們只要將這兩篇文章對照來看，就可知道漢朝的政治是嚴酷的，自爲太史公所深惡痛絕，所以吳齊賢評〈酷吏列傳〉說：「天下怨之，天子親之，具寫其奸。」①眞是切中肯綮，深得太史公之心。

從體例來看，太史公將孔子寫入世家，而將老子寫入列傳，可知在他心目中孔子的地位要比老子高。又他將墨子附在〈孟子荀卿列傳〉的結尾，可知墨子旣趕不上孟子跟荀子，更不要說跟孔子並肩了。太史公不說一句話，只用體例來區分他們的高下，而目的已達到，眞是不簡單；同時，也可藉此看出太史公的思想是屬儒家的，應該不成問題。

從主旨來看，太史公爲張良作〈留侯世家〉，全在「替韓報仇」四個字上。張良祖先五世相韓，對韓有功，而韓對張家有恩，所以當秦滅韓，項羽滅秦，劉邦滅項，天下平定，張良眼看大仇已報，就開始閉門謝客，不願過問人間事，而欲從赤松子遊。這樣看來，到底是張良被劉邦所用？還是劉邦被張良所用？明眼人一看就知，還有什麼好細說的？所以明人凌約言論得好：「敍留侯，獨于爲韓處尤明，書法筆力兼至。」②

從穿插來看，太史公在這方面的處理，最具匠心跟巧思，不是後世史家的平鋪直述所能望其項背的。例如在〈淮陰侯列傳〉裡，記述韓信的事業達到頂峯時，穿插蒯通遊說韓信造反而信不爲所動一事，是有其妙用的。究其用意，無非要告訴後人，所謂韓信造反，根本是件莫須有的冤獄。因韓信在有兵有將有權有勢的時候不造反，卻在日後軟禁在京師的困境中背叛，天下那有這個道理？韓信是一代名將，絕不可能如此愚蠢，也沒有理由魯莽到這個地步才對；可是，班固卻沒有這種史識，將蒯通從〈淮陰侯列傳〉中分出來，再加上一些其他資料，爲他另寫一傳，實在太糟糕了，無怪顧炎武在《日知錄》中要說《漢書》的〈蒯通傳〉實在不能看！

從主從來看，太史公將呂后寫入本紀，而將惠帝附於該紀，是很有識見的。因所謂「本紀」，是記根本之事。當漢高祖過世，雖由惠帝登基，而實際政權都操縱在呂后之手。呂后實是中國有史以來第一個女皇帝。換言之，呂后雖無帝王之名，卻有帝王之實。以當時情勢來論，呂后是實際政令的頒布者，應是天下的根本，惠帝不過是個有名無實的傀儡罷了，所以太史公將呂后寫入本紀，而將惠帝附於該紀，就史識來說，是非常高明的；可是，到了班固撰《漢書》，卻將惠帝從〈呂后本紀〉中分出來，爲他另寫一紀，擺在〈高后紀〉之前，從表面上看來，似乎比《史記》整齊，而殊不知在史識上的表現卻差得太遠了，豈可計以道里！

從存疑來看，太史公撰寫歷史的態度非常嚴謹，舉凡傳聞不實的，寧可付闕而不妄記，以求其眞實可信。《史記》一書，從〈五帝本紀〉開始，就是一個實證。唐朝司馬貞作《補史記》，在〈五帝本紀〉之前補了一篇〈三皇本紀〉，將庖犧氏、女媧氏寫成蛇身人首，神農氏寫成人身牛首，一看就知是神話，那是歷史？司馬貞補了這篇〈三皇本紀〉，雖然將我國的歷史向前挪了很多年，然而可信度卻降低不少。兩者相較，史識的高低也就可以判明。進言之，太史公如對傳中人物的身世無法確定，就將各種資料排比在一起，不下論斷，讓讀者自己去琢磨。像老子其人有三個可能性：一李耳、二老萊子、三太史儋，他就將他們一併寫在〈老子韓非列傳〉裡，以供參稽。由此可見，太史公的識見是很客觀的，絕不因個人的好奇而走偏鋒，實爲史學界立下了很好的典範。

從詳略來看，太史公深明史書貴在記其「異」，因此對資料的處理，時詳時略，有其特殊作用，而其史識也不時流露其中。例如太史公認爲傳中人物的著作必定可傳，就將這些著作一筆帶過，不予贅述，像《管子》、《晏子春秋》、《老子》、《孟子》、《荀子》、《司馬兵法》、《孫武兵法》、《孫臏兵法》、《吳起兵法》、《商君書》等即是；反之，太史公如確定其著作不能傳世，就予詳述，以免湮沒而無聞，像讙衆取寵的騶衍，其所主的陰陽之說，太史公就不惜用上許多文字來介紹，將它寫入〈孟荀列傳〉裡，以期能保存文獻，免遭亡逸的厄運，而時至今天，一切都在太史公的預料之中，眞是識見銳利，一如鷹眼，絕非其他史家所能相比；否則，凡事詳述，聒絮不休，好端端的一部史書不就成了流水帳，還有什麼好讀的呢！

從夾議來看，太史公常常在敘事間加上自己的議論，而這些議論無不犀利而精彩。例如在〈樊酈滕灌列傳〉裡說，在鴻門宴的當天，要是沒有樊噲衝進去指責項羽的不是，劉邦的處境恐怕就很危險了。這幾句話說得一點也不錯。儘管劉邦從鴻門宴中死裡逃生，是有很多人幫忙的，像張良的隨機指點，項伯的從旁說項，固都有功；不過，在緊要關頭，樊噲突如其來的出現跟慷慨陳詞的神勇，無疑是一大助力，應予肯定。

從補軼來看，太史公每每在篇末贊語中藉著它來表現史識；同時，娓娓道來，不露痕迹，這在後世史書中是很少有的；即使有，也都出現在正文裡，顯得不倫不類，像《宋史・司馬光傳》，正文一開頭就記光幼時破缸救童之事，就是一例。現在回到本題，說說太史公的補軼。他在〈項羽本紀〉的贊語中說，他曾聽周生說，舜一個眼睛有兩個瞳孔，兩個眼睛有四個瞳孔，又聽說項羽也是如此，難道他就是舜的後代嗎！我們根據這幾句話，可知太史公將項羽看得很高，認為他是聖人的後代，也就是帝王的苗裔。換句話說，像項羽這樣的人是應該做帝王的。相對的，由於他明捧項羽，無形中也就暗貶劉邦，有不以成敗論英雄的深義在。這樣說來，他將項羽寫入本紀，並且擺在〈高祖本紀〉之前，又有什麼不可呢？

從評論來看，太史公常在篇末贊語中要言不繁，一針見血，充分流露他那高人一等的史識。例如一般人論項羽的失敗，都說他好殺成性，剛愎自用，迷信武力，不懂戰略，殊不知還有一點很重要，為大家所疏忽，而太史公卻遇事留意，十分細心，將它提了出來，即遷都彭城，捨棄關中有利的地理環境，便宜了老奸巨猾的劉邦，使自己只可攻而不可守，以致長年輾轉劇戰，弄得師勞力竭，疲憊不堪，一著錯而滿盤輸，該多可惜！所以我想用「斯人不言，言必有中」來形容太史公的史識，應是再恰當也沒有了。

結語

讀史必須細心、耐心跟用心，尤其讀太史公的《史記》更須如此；否則，怎能獲取他那精微的史識！如果我們捨史識而不顧，則讀《史記》跟讀一般史書甚至小說又有什麼兩樣呢？所以我們讀《史記》，必須細心、耐心跟用心；不然，可就糟蹋這部曠古絕世的鉅著了。

註

①見《史記評林》卷一二二、頁五。臺灣蘭臺書局。下同。

②見同前、卷五五、〈留侯世家〉、頁一。

歷史興衰勝負的癥結

太史公敏銳的辨析力

前言

史家記事，須有敏銳的辨析力，方可洞悉因果禍福，成敗得失，而後落筆爲文，才能繁簡適宜，精微有致；否則，鉅細靡遺，輕重不別，一如帳冊簿記，味同嚼蠟，怎能引起讀者的興趣？當然也就不能展讀之餘，引爲借鏡，置之左右，奉爲銘言。有關此點，太史公表露的才華，至爲可觀，而其大著《史記》之所以不朽，顯賴於此，斷非偶然。

在篇幅安排中表現太史公不凡的辨析力

秦始皇翦滅六國，統一天下，兵勢不可謂不强，國力不可謂不盛，然而只有短短的四十年，就結束了它的王朝。探究它被滅的緣由，固然很多，而人爲因素應占很大比重，則是不可否認的。既然如此，那麼，這個失敗的責任該由誰負？有人說趙高，有人說李斯，有人說秦二世。當然，這三個人都有分；不過，當我們打開《史記》，用心地看一下，可發現太史公並沒替趙高立傳，而在該書中有〈李斯列傳〉；同時，在該傳裡記載不少趙高的事情，尤其「廢嫡立庶」一節所占篇幅相當多。從此可得一啓示：即秦始皇遽然過世，李斯身爲丞相，一人之下，萬人之上，竟爲一時貪念矇蔽，不能堅持立場，而跟趙高同流合汚，擅立二世爲王，以致促使大秦帝國崩潰，實應負起這個政治責任來！這種筆法可比美孔子之修《春秋》。再看《史記》有〈蒙恬列傳〉，傳中也記了不少趙高的事。大家都知道蒙恬是被二世賜死的。表面上看來，是二世下的令，實際卻是趙高指使的。綜上所述，可知自始皇下世後，先是秦國繼位人選發生偏差，接著是賢才遭致殺戮，彼此交替，互爲因果，惡性循環，那有不亡之理？我們讀《史記》要從這方面去用心，才能獲得深一層的體認；同時，也不得不佩服太史公在篇幅安排中表現了不凡的辨析力。

在史料取捨中展露太史公犀利的辨析力

漢初曹參是個很奇突的人。根據《史記．曹相國世家》的記載，他跟劉邦是同鄉，獄吏出身。劉邦起義，他就追隨，關係很密切。後來他隨大將韓信征戰，立下不少汗馬功勞，是個不折不扣的武將，勳業彪炳的功臣，然而當惠帝二年，他繼蕭何爲相，卻採黃老治術，萬事不關心，日夜飲醇酒，跟先前判若二人，非常出奇。他的前一任丞相——蕭何，忠而忘己，管了一些事，力求表現，很想有所作爲，結果被打入監牢，要不是王衞尉替他在劉邦面前講好話，則他老死囹圄，極有可能。再者，張良助劉邦平定天下後的態度又是怎樣？是願棄人間事，欲從赤松子遊，勤學導引吐納，不食煙火，企期輕身仙學。由此可得一提示：即漢政嚴酷，功臣自危，只有擅行黃、老之術，韜光養晦，才能明哲保身，全功而退；否則，勢必功高震主，難以容身，步上名將韓信、彭越、黥布的後塵，身死人手，悔之已晚。這樣看來，班固在《漢書．司馬遷傳》中譏評太史公「論大道則先黃、老」，那是確論？因此，我們展讀《史記》曹、蕭、張三人的世家後，不禁爲太史公在史料取捨中展露犀利的辨析力而折服！

在論列演變中顯示太史公敏銳的辨析力

太史公爲游俠作傳，首先將他們分爲兩類：一爲貴族游俠，一爲平民游俠。貴族游俠，上從春秋延陵季子算起，下迄戰國四公子——魏國信陵君、趙國平原君、齊國孟嘗君、楚國春申君。他們都有一共同特色——任俠好客。說到平民游俠，太史公指出漢初才出現。因秦一統天下，施行酷政，貴族游俠受到打擊，不得不中斷。接著，漢高祖掃蕩羣雄，政局尚未安定，於是平民游俠才得乘機而起，先後接踵。其中最著名的，要算朱家跟郭解。太史公對當代游俠形象的描述是這樣的：一、言必信。二、行必果。三、不酗酒。四、不橫眉豎眼。五、不欺弱小。六、不求報恩。七、衣食儉樸。八、廣交友朋。照此看來，游俠豈不成了大大的好人？這也未必，因他們的行徑畢竟不合君子之道，走的是法律邊緣，太史公對他們也有所論列，並不袒護。我們再看他們生存的時代，大都是漢初至文帝這段時期。因此時法網還寬，可容他們游走四方，顧忌有限，然而到了景帝即位，酷吏相繼產生，容不得他們呼嘯自在，自然結局也就十分悲慘，所以我們讀《史記．游俠列傳》時，必須將〈酷吏列傳〉對照來看，才能知悉游俠爲何至景帝時滅迹？同時，也可瞭解爲什麼武帝的大將軍衞青不敢招致賓客的道理。因此，我們可這麼說，太史公已明白告示後人：游俠跟酷吏的消長成反比。史事歷歷，確是如此。其辨析力委實敏銳，令人讚歎。

從疑似之間彰顯太史公卓絕的辨析力

現在一般人一提到酷吏，就會以爲他們不僅深文周納，殺人如麻，而且昏庸無能，賄賂公行。其實這種聯想跟事實不符，未必正確，即前一個想法是對的，後一個想法是錯的。提到《史記》中的酷吏，很易跟「社稷臣」相混。例如社稷臣汲黯有面折廷爭的膽識，酷吏郅都也有此膽識。社稷臣汲黯頗具才幹，有很好的治績，酷吏郅都，也有此操守。綜上所述，二者確有許多相似之處，很易混淆，甚難釐清，然而太史公卻能深入辨析二者相異之點：一、社稷臣是爲國爲民，而酷吏卻是爲權爲勢。二、社稷臣一切作爲的動機是純正善良的，而酷吏卻是奸詐邪惡的。三、社稷臣採的是寬緩之道，而酷吏卻是殺戮之法。四、社稷臣是爲國家定大計、決大疑，而酷吏卻是爲自己圖爵祿、謀權位。五、社稷臣的言行是合理、合法，更合情，而酷吏卻是合理、合法並不一定合情。總之，國家要長治久安，社稷臣是不可或缺的，而酷吏卻愈少愈好，甚至沒有最好。太史公對二者的辨析確是卓絕。至於後世一些官吏，動輒施刑，草菅人命，了無才具，更遑論治績，則其在太史公的心目中，連酷吏邊都沒摸到，只是形似而已。因此，太史公在〈酷吏列傳〉的贊語中要說：「至若蜀守馮當暴挫，廣漢、李貞擅磔人，東郡彌僕鋸項，天水駱壁推咸，河東褚廣妄殺，京兆無忌、馮翊殷周蝮鷙，水衡閻奉，朴擊賣請，何足數哉！何足數哉！」有了以上的理解，可知太史公的辨析力該多卓絕！

在詳述興衰中突現太史公精深的辨析力

句踐復國，是絕地大反攻。其備嘗艱辛，可說是敗部復活，得之不易，太史公深思個中緣由，得出的結論是「禹之功大矣。漸九川，定九州，至于今，諸夏艾安。及苗裔句踐，苦身焦思，終滅彊吳，北觀兵中國，以尊周室，號稱霸王。句踐可不謂賢哉！蓋有禹之遺烈焉。」（見〈越王句踐世家〉）認定是其祖先積德累功所致。又戰國七雄，燕最不起眼，卻最後被滅。太史公尋思其理，而說「燕北迫蠻貉，內措齊、晋。崎嶇彊國之間，最爲弱小，幾滅者數矣。然社稷血食者八、九百歲。於姬姓獨後亡，豈非召公之烈邪！」（見〈燕召公世家〉）都能從根本上去探求，切中其肯綮；反之，漢初謀臣陳平，一生以機智處事，爲求達到目的，往往不擇手段。例如劉邦滎陽被圍，他利用兩千女子僞裝漢兵乘著月夜，聲東擊西，讓劉邦脫險。又漢定天下，他巧施雲夢之計，誘擒功臣韓信，最後致韓信慘遭殺戮滅族的厄運。他種種作爲，深爲太史公不值，認爲都是缺德之事，萬不可行。於是，在〈陳丞相世家〉結語時，太史公要加上陳平感歎的話：「我多陰謀，是道家之所禁，吾世即廢亦已矣。終不能復起，以吾多陰禍也。」接著，他又記載：「然其後曾孫陳掌，以衞氏親貴戚，願得續封陳氏，然終不得。」一再告戒世人，萬不可陰禍他人以免殃及後代。綜上所述，可知太史公在評述興衰中突現的辨析力是何等的高超！

在勝負癥結中展現太史公高超的辨析力

《史記．匈奴列傳》是一篇很有深義的文章。它除了記載匈奴歷代的興衰，以供世人知曉外，最重要的是告示後代，匈奴自來一直是我國的外患，不論和親或交戰，必須應付得宜；否則，勢必兵連禍接，無時或已。太史公所言不虛，因證之後代史冊，確是不爽。無怪太史公在該傳贊語中指出漢朝謀士爲迎合天子的旨意，求取一時的榮寵，往往說些諂媚的話，使原有偏差的論調能得到支持，卻不認眞地思考匈奴和中國的利害關係，應怎樣去切實從事，才能得到長遠的利益。因此，他舉唐堯爲例，說他如得不到大禹的輔弼，就不能振興事業；同理，漢朝如欲長治久安，根絕外患，就必須「擇任將相」！因精選任用賢相，可禁絕游辭浮說，做正確合理的研判，以爲抵禦外侮的指針；遴選良將，方可在正確合理的研判下，殲滅外亂，穩操左券。換言之，文事跟武備必須兩相配合，方能應付裕如，永保無疆之休。這雖是二千多年前的議論，然而平允持正，很有精義，即使印證後代史實，無不具體可行，甚至證之今日也無絲毫阻隔。宜乎太史公在結語「且欲與聖統」之下，要重覆說上「唯在擇任將相哉」，不是很有卓見嗎？由此可見，太史公對勝負癥結的辨析力是很高超的。

在論述源流中彰著太史公精微的辨析力

太史公對學術最爲尊敬。《史記》立有〈儒林列傳〉。在該傳中除敍述儒家之道的消長外，並論到儒家學說對人心的影響。因此，當秦末天下大亂，陳涉起義，魯國的那些儒者就拿著孔子的禮器去歸向他，而他不由記上這段話：「以秦焚其業，積怨而發憤于陳王也。」同時，指明自古以來，齊、魯之好文學，是出自天性。前面說的是果，此處說的是因，確是辨析得很精微。又如他在〈齊世家〉的贊語中說：「其民闊達多匿知」，是出自他的「天性」；〈孫子吳起列傳〉中借孫子之口，點出「三晉之兵，素悍勇而輕齊。齊號爲怯」；〈孟嘗君列傳〉中指出薛邑習俗與他地不一，子弟多暴桀，跟鄒、魯不一樣，是受了孟嘗君招致天下任俠，而其中有姦人進入薛邑之故；在〈商君列傳〉中指出商鞅變法之成與敗，都是由於刻薄寡恩的天性所致，在在都能從問題的深處去辨析，很有他的說服力。

結語

讀書可使人聰明，讀太史公的《史記》尤能使人聰明。因他有敏銳的辨析力，可指引我們思維，進而做明確的分辨，問題全在我們如何去潛研跟體會。大疑大進，小疑小進，不疑不進，以此來做讀《史記》的準繩，該是很有深義的。

《史記》的文學性

前言

《史記》雖是部歷史鉅著，然而其文學價值極高，這是無庸置疑的。茲特就其想像、情感、論斷、取材、文筆五耑，簡述於後。

想像豐富

太史公的想像，極爲豐富，完全不受時、空的限制，宛如天馬行空，縱橫自如，因此所撰之文，無不生色增光。荊軻之別易水，即是一例：

遂發。太子及賓客知其事者，皆白衣冠以送之。至易水之上，既祖取道，高漸離擊筑，荊軻和而歌，爲變徵之聲，士皆垂淚涕泣。又前而爲歌曰：「風蕭蕭兮易水寒，壯士一去兮不復還！」復爲羽聲慷慨。士皆瞋目，髮盡上指冠。於是荊軻就車而去，終已不顧①。

慷慨的荊軻，激昂的詩歌，蕭蕭的風聲，寒涼的易水，好一幅悲壯的畫面！茅坤說：「何等摹寫！何等風神！」董份說：「觀此景象，千載猶令人悲憤。」②對其讚賞之至，實是想像成功所致。

他的聯想也是靈活而驚人的。當他遊歷魯國，看到孔子的廟堂，就有以下一段的聯想跟感慨，寫得實在動人，很可一讀再讀：

《詩》有之：「高山仰止，景行行止。」雖不能至，然心鄉往之。余讀孔氏書，想見其爲人。適魯，觀仲尼廟堂，車服禮器，諸生以時習禮其家。余祇迴留之，不能去云。天下君王，至于賢人，衆矣。當時則榮，沒則已焉。孔子布衣，傳十餘世，學者宗之，自天子王侯，中國言六藝者，折中於夫子，可謂至聖矣③。

情感真切

太史公對《史記》的譔寫是全心全意投入的，因此其用情之眞切也是可想而知的。他原本是個飽經風霜、備嘗愁苦、悲劇性的人物，因此當他爲那些失意、落拓、坎坷、無奈的人做傳時，就往往注入自己的感情，而顯得情致纏綿，悽惋不已。其〈屈原賈生列傳〉的贊語，即可做一代表：

> 余讀〈離騷〉、〈天問〉、〈招魂〉、〈哀郢〉，悲其志。適長沙，觀屈原所自沈淵，未嘗不垂涕，想見其爲人。及見賈生弔之，又怪屈原以彼其材，游諸侯，何國不容？而自令若是。讀服鳥賦，同生死、輕去就，又爽然自失矣④。

他對當時酷吏的反感，所在多見，也每每不假辭色，率直地憑借他人的言論，予以無情的撻伐。汲黯之責張湯，即可看出其眞情：

> 張湯方以更定律令，爲廷尉。黯數質責湯於上前，曰「公爲正卿，上不能褒先帝之功

業，下不能抑天下之邪心，安國富民，使囹圄空虛，二者無一焉。非苦就行，放析就功，何乃取高皇帝約束紛更之爲？公以此無種矣。」黯時與湯論議。湯辯常在文深小苛。黯伉厲守高，不能屈，忿發　曰：「天下謂刀筆吏不可以爲公卿，果然。必湯也，令天下重足而立，側目而視矣。」⑤

同時，他對權貴也沒好感，極盡譏諷之能事。衞青之不受敬重，他就有很精妙的論列：

蘇建語余曰：「吾嘗責大將軍至尊重，而天下之賢士大夫毋稱焉。願將軍觀古名將所招選擇賢者，勉之哉！」大將軍謝曰：「自魏其、武安之厚賓客，天子常切齒。彼親附士大夫招賢絀不肖者，人主之柄也。人臣奉法遵職而已，何與招士？」⑥

此外，他對外戚也深表不滿，不時流露鄙視的情意。田蚡之受抨擊，即可見其深情：

魏其、武安皆以外戚重。灌夫用一時決筴而名顯。魏其之舉，以吳、楚；武安之貴，在日月之際。然魏其誠不知時變，灌夫無術而不遜，兩人相翼，乃成禍亂。武安負貴而好權，杯酒責望，陷彼兩賢。嗚呼哀哉！遷怒及人，命亦不延，衆庶不載，竟被惡言。嗚呼哀哉！禍所從來矣⑦。

案：文中的「武安」是田蚡的侯名。他在太史公的心目中，是個壞透頂的人，因此對他的批評也是絲毫不留情的。

論斷卓絕

太史公儘管在臨案為文時，常常滲雜自己的情感，個人色彩很濃厚，然而絕不抹殺其眞實性，那是非常難能可貴的。例如他極端厭惡憑著裙帶關係而進位受寵的衞青跟霍去病；可是，衞、霍二人畢竟有其不可否認的才具跟事功。因此當他在該書〈佞幸列傳〉的結尾中提到他倆時，就說了這樣的公道話——「衞青、霍去病亦以外戚貴幸，然頗用材能自進」——職是之故，劉向、揚雄盛讚太史公不虛美，不隱惡⑧，實是很允當的。

他雖極富情感，具備文學家的先決條件，然而當他評事論人時，卻又十分理智，不涉個人是非恩怨，這是非常不容易的，所以後世對他卓絕客觀的論斷都很信服。例如其論項羽之成敗，既犀利，又精到，令人不由心折：

吾聞之周生曰：「舜目蓋重瞳子。」又聞項羽亦重瞳子，羽豈其苗裔邪？何興之暴也？夫秦失其政，陳涉首難，豪傑蠭起，相與並爭，不可勝數，然羽非有尺寸，乘勢起隴畝之中，三年，遂將五諸侯滅秦。分裂天下而封王侯，政由羽出，號爲霸王，位雖不終，近古以來，未嘗有也。及羽背關懷楚，放逐義帝而自立，怨王侯叛己，難矣。自矜功伐，奮其私智而不師古，謂霸王之業，欲以力征，經營天下，五年卒亡其國，身死東城，尚不覺寤，而不自責，過矣。乃引「天亡我，非用兵之罪也」，豈不謬哉⑨！

褒貶兼有，不以成敗論英雄，該多冷靜而理智！

取材精要

《史記》是部歷史鉅著，而史學跟文學畢竟有相當距離，這是盡人皆知而不容強辯的，問題是如何使兩者距離縮短，甚至了無間隔，那就要看譔者的功力跟天分了。無疑的，太史公在這方面的表現是卓越而令人激賞的。他爲某人做傳，絕不是將其生平事迹一五一十、平鋪直述地記錄下來，形同流水帳，交差了事，而是先做細密的度量，嚴格的過濾，然後才取精擇要地表現出來。俗語說：「人心不同，各如其面。」他很懂得這個道理，因此對各篇內容的去取，很能掌握其特徵跟要點。例如他記劉敬跟叔孫通，認爲前者的貢獻是「定都關中」、「和親策略」，後者的成就是「制訂朝儀」、「輔佐太子」，二者對後世的影響都很深遠，並且關係密切，所以就合爲一傳⑩。至於他倆的細微末節，無關宏旨，也就可以略而不記了。

其次，太史公所記的人物，是很能抓住其時代層面跟特色的。例如我們看了他的〈孟嘗君〉、〈平原君〉、〈魏公子〉、〈春申君〉四篇列傳，可知戰國養士之風極盛，士人受到尊敬跟禮遇也是空前的，當然到了秦始皇統一六國後，這種風氣也就沒落而匿迹了。進言之，當我們根據這四篇列傳來加以比較跟剖析，可發現四人器識的高下，當數魏公子第一，平原君次之，孟嘗君第三，春申君殿後，絕不同於世俗一般人的謬見，以爲孟嘗君居首，動輒以孟嘗君來形容別人的好客與禮賢下士。鑑於上述，可知儘管時代這麼遙遠，人物又是那般龐雜，然而只要我們熟讀《史記》，就可對某一時代跟人物有很清晰的瞭解跟辨識，這實在要歸功太史公精心擇要的處理。

文筆高妙

太史公的文筆，運用自如，豈止生花而已？實已到了化境。因此他所表現的是多變而高妙，誠如《司馬遷之人格與風格》一書中所說的——他寫纏綿的情調時，那文字就入於潺暖悠揚。……他寫封禪，便多半用惝恍之筆，彷彿讓人也到了煙雲飄渺的蓬萊。……他寫信陵君，則是筆端十分仁厚。……至於他寫酷吏，那就是另一副技術了，酷吏是慘酷無情的，他便也出之以鐵面無私⑪——眞是言簡意賅，很能得其技法。

文如其人，人如其文，是太史公的具體寫照。同理，他筆下表現的人物情境，跟其文筆的雄奇萬變也是相融而一致的。試看他寫項羽的垓下被圍，四面楚歌，文筆該多奔放悲壯：

項王軍壁垓下，兵少食盡。漢軍及諸侯兵，圍之數重。夜聞漢軍四面皆楚歌，項羽乃大驚，曰：「漢皆已得楚乎？是何楚人之多也？」項王則夜起飲帳中。有美人名虞，常幸從。駿馬名騅，常騎之。於是項王乃悲歌慷慨，自爲詩曰：「力拔山兮氣蓋世，時不利兮騅不逝；騅不逝兮可奈何？虞兮虞兮奈若何？」歌數闋。美人和之。項王泣數行下。左右皆泣，莫能仰視⑫。

跌宕有致，詩文可觀，切情對景，令人低徊。自來寫英雄末路的，當數該文第一。再看他寫萬石君石奮的敬愼，其文筆又是多麼樸質無華：

其官至孝文時，積功勞至大中大夫。無文學，恭謹無與比。文帝時，東陽侯張相如爲太子太傅。免。選可爲傅者，皆推奮。奮爲太子太傅。及孝景即位，以爲九卿。迫近憚之，徙奮爲諸侯相。奮長子建、次子甲、次子乙、次子慶，皆以馴行孝謹，官皆至二千石。於是景帝曰：「石君及四子，皆二千石。人臣尊寵，乃集其門。」號奮爲萬石君⑬。

一路寫來，舒緩從容，不急不躁，洋溢仁厚之氣，堪稱高手。

結語

要之，《史記》的文學性極高，而太史公實爲文中之雄，辭中之龍，應是毫無疑慮的。

註

①見《史記會注考證》卷八六、〈刺客列傳〉、頁一〇三一。臺灣洪氏出版社。下同。
②見《史記評林》册四、同前、頁一〇。臺灣蘭臺書局。
③見《史記會注考證》卷一七、〈孔子世家〉、頁七六五。
④見同前、卷八四、頁一〇一八。
⑤見同前、卷一二〇、〈汲鄭列傳〉、頁一二八一。
⑥見同前、卷一一一、〈衞將軍驃騎列傳〉、頁一二一二。
⑦見《史記會注考證》卷一〇七、〈魏其武安侯列傳〉、頁一一七三。
⑧見《漢書補注》卷三二、頁一二五八、〈司馬遷傳〉。臺灣藝文印書館。
⑨見同前、卷七、〈項羽本紀〉、頁一五八。
⑩見同前、卷九九、〈劉敬叔孫通列傳〉、頁一一一一至一一一六。
⑪見頁二七八至二八〇。臺灣開明書店。
⑫見同註⑨、頁一五七。
⑬見《史記會注考證》卷一〇三、〈萬石張叔列傳〉、頁一一三二。

《史記》中的相人

前言

《史記》對相人之事，頗多記述，且其所論，或中或否，故饒富趣味，而引人入勝。粗看起來，這些記載似乎事涉靈異，迹近迷信，然而其敍述翔實，始末兼具，又不得不令人嘖嘖稱奇，信以爲眞。避開這些不論，光就相人本身來說，微妙玄奧，神奇莫測，確有其吸引人的地方，也是不可否認的；不然，《史記》中怎會有這麼多的載錄呢！

相人失準之載

從《史記》的載列中，可知孔子也難免俗而重相人；唯其眼力欠佳，而每與事實相左。此可以其相門生子羽爲證：

> 澹臺滅明，武城人。字子羽。少孔子二十九歲。狀貌甚惡。欲事孔子，孔子以爲材薄，既已受業，退而修行。行不由徑。非公事，不見卿大夫。南游至江。從弟子三百人，設取予去就，名施乎諸侯。孔子聞之，曰：「吾以言取人，失之宰予；以貌取人，失之子羽。」①

孔子以子羽容貌醜陋，而以爲他材能低下，殊不知他日後卻學道有成，名聞諸侯，使孔子有「以貌取人，失之子羽」之說，而此句也就成了相人不易的名言，廣爲流傳。又孔子以弟子高柴身不滿五尺，目之爲愚，然而柴卻擠身七十七賢之中，列名在商瞿之後，漆彫開之前②，也是相人失準的實例。聖如孔子，尚且如此，至於衆庶則更有識人惟艱之歎了。

戰國之時，養士之風忒盛，而相人之術也流行其間。像趙國平原君趙勝，極喜賓客，延攬達數千人之多。秦圍趙都邯鄲，趙孝成王使平原君求救於楚。平原君擬自賓客中精選二十名隨行；可是，幾經挑選，只得十九人，最後有名毛遂自薦的才湊足數。一千人至楚，平原君求救於楚考烈王，不料見拒。在這關鍵時刻，毛遂便登階劫持楚王，露了一下刺客的伎倆，逼得楚王就範，而其他十九人只是在遂的指使下行事，毫不起眼，宜乎平原君歸國後要說：

勝不敢復相士。勝相士多者千人，寡者百數。自以爲不失天下之士。今乃於毛先生而失之也。毛先生一至楚，而使趙重於九鼎大呂。毛先生以三寸之舌，彊於百萬之師。勝不敢復相士③。

觀相靈驗之記

以上是相人欠確的實例；反之，觀相靈驗而有名姓傳世的也不乏人。像戰國唐舉，即著聞當代：

蔡澤者，燕人也。游學干諸侯，小大甚衆，不遇。而從唐舉相，曰：「吾聞先生相李

> 兌曰：『百日之內持國秉。』有之乎？」曰：「有之。」曰：「若臣者何如」唐舉孰視而笑曰：「先生曷鼻巨肩，魋顏蹙齃厀攣。吾聞聖人不相。殆先生乎？」蔡澤知唐舉戲之，乃曰：「富貴吾所自有。吾所不知者壽也。願聞之。」唐舉曰：「先生之壽，從今以往者四十三歲。」蔡澤笑謝而去④。

從右文可知唐舉曾替李兌看過相，十分靈驗。又他替蔡澤看相，雖說了些戲言，不過，從澤日後自秦相范雎手中取得卿相之位這件事來看，所謂「曷鼻巨肩，魋顏蹙齃厀攣」，應是主貴之相，概不成問題。至於說澤還有四十三年陽壽，因《史記》沒有明文記載他下世之年，故不可考。唯據《史記》本傳所載，澤曾歷事昭王、孝文王、莊襄王、始皇，一直到始皇五年，燕太子丹入質於秦還活著，可知其壽數距舉所言，不會相差太多。總之，唐舉的相術是很高明的。

到了漢初，善於觀相而著名的，計有四人：呂公、許負、漢高祖跟王朔。呂公是呂后之父，好相人。當漢高祖尚未發迹做亭長時，有一次，呂父宴請沛令，高祖往賀，呂公一見高祖相貌，就很器重他，而將他引到裡面坐。直到宴會散了，還將他留下，對他說了意味深長的話：

臣少好相人。相人多矣，無如季（高祖之字）相。願季自愛。臣有息女，願為季箕帚妾⑤。

呂父雖沒提及高祖相貌，但在〈高祖本紀〉起首時，太史公曾有所描述，即「隆準而龍顏，美須髯，左股有七十二黑子」，這顯然是貴相，無怪呂公一見高祖，猶如覓到至寶，而將他招為東牀。太史公去高祖不遠，故其所記自有其可信度。

其次，有名許負的，曾先後替薄姬跟周亞夫看相也都一一應驗，可說是漢初該行中最具權威的。此二事分別見於外戚跟絳侯周勃世家：

薄太后父，吳人，姓薄氏。秦時與故魏王宗家女魏媼通，生薄姬。……及諸侯畔秦，魏豹立為魏王，而魏媼內其女於魏宮。媼之許負所相。相薄姬云：「當生太子。」⑥

條侯亞夫自未侯為河內守時，許負相之，曰：「君後三歲而侯。侯八歲為將相，持國秉，貴重矣。於人臣無兩。其後九歲而君餓死。」亞夫笑曰：「臣之兄已代父侯矣。有如卒，子當代。亞夫何說侯乎？然既已貴，如負言，又何說餓死？指示我？」許負指其口，曰：「有從理入口，此餓死法也。」⑦

薄姬後爲漢高祖所幸，生一子，即孝文帝，而她本人也母以子貴，尊爲太后。周亞夫於文帝之後三年，即許負相亞夫之後三年，果繼其兄爲侯，且於景帝中五年，被誣謀反，入廷尉，因五日不食，嘔血而死，也都一一符合許負所言，這些都是流傳民間、膾炙人口的故實，應有所據，諒非太史公向壁杜譔，故弄玄虛。

再次，是漢高祖。當高祖十一年，他平定淮南王黥布後，爲慮吳人輕悍，如無壯王鎭服，很難安定，就封年方弱冠、很有氣力的姪子劉濞做吳王，統治了三郡、五十三城。濞受封後，高祖對其面相即有所論及：

（劉濞）已拜受印。高祖召濞相之，謂曰：「若狀有反相。」心獨悔，業已拜，因拊其背，告曰：「漢後五十年，東南有亂者，豈若邪？然天下同姓爲一家也。愼無反。」濞頓首曰：「不敢。」⑧

至景帝三年，吳王濞果藉鼂錯建議削減封地一事，而鼓動其他六國造反，這就是歷史上有名的吳、楚七國之亂。茲自高祖十一年起計，至景帝三年，凡四十二年，跟高祖當年所預言的，只差八年。由此可見，高祖之觀濞相，不可謂不靈。

最後，是望氣的王朔。武帝元朔二年中，李廣的堂弟李蔡代公孫弘爲丞相。蔡的才情，遠不如廣；可是，廣卻不得爵邑，官不過九卿，心裡很不以爲然，就請教朔是什麼道理，難道是他的面相不應封侯嗎？朔請廣想一想，生平有沒有遺恨之事？而廣答說：

吾嘗爲隴西守。羌嘗反。吾誘而降。降者八百餘人。吾詐而同日殺之。至今大恨，獨此耳⑨。

朔聽了他的話後，就做了以下的結論：「禍莫大於殺已降，此乃將軍所以不得侯者也。」終廣一生，未嘗封侯，可說是給朔斷定了。太史公之所以加插這段文字，當然用意不是在單純的看相上，而是想藉此爲廣不能封侯而抱不平；不過，從朔的答話中，可知積德是很重要的，命相也有它積極勸善的一面。

此外，太史公載述當代善觀人相而不著其名姓的，計有四則。茲分述於後，以明其梗概：

呂后與兩子居田中耨。有一老父過，請飲，呂后因餔之。老父相呂后曰：「夫人，天下貴人。」令相兩子。見孝惠，曰：「夫人所以貴者，乃此男也。」相魯元，亦皆貴。老父已去。高祖適從旁舍來。呂后具言客有過相我子母，皆大貴。高祖問。曰：「未遠。」乃追及，問老父。老父曰：「鄉者夫人、嬰兒皆似君。君相貴不可言。」高祖乃謝曰：「誠如父言，不敢忘德。」及高祖貴，遂不知老父處⑩。

該老父先後替呂后、惠帝、魯元公主、高祖看相，日後無不應驗，尤其對高祖所說「君相貴不可言」，簡直就是告訴高祖來日將爲天子，眞是直口相斷，準確無比。

又梟將黥布未興起時，曾有人看過他的相，而所言也終獲實現，可說是很神奇的。其本傳載敍如下：

黥布者，六人也。姓英氏。秦時爲布衣。少年，有客相之，曰：「當刑而王。」及壯坐法黥。布欣然笑曰：「人相我，當刑而王，幾是乎？」人有聞者，共俳笑之⑪。

其後黥布隨項梁攻秦，累積戰功，號爲當陽君。旋又從項羽征戰，被封爲九江王。迄楚、漢相爭，布中漢王策士隨何之計，由楚歸漢，於漢四年七月立爲淮南王，果應驗客言「當刑而王」這句話。由此看來，布以當年所犯黥刑之「黥」取代原姓之「英」，不是沒有原因的。

鄧通是漢文帝的臣子，甚得文帝寵愛。在相術盛行的當時，文帝曾使善相者替通看相，以為他來日之謀：

上使善相者相通。曰：「當貧餓死。」文帝曰：「能富通者在我也。何謂貧乎？」於是賜鄧通蜀嚴道銅山，得自鑄錢。鄧氏錢布天下，其富如此。文帝嘗病癰。鄧通常為帝唶吮之。文帝不樂。從容問通曰：「天下誰最愛我者乎？」通曰：「宜莫如太子。」太子入問病。文帝使唶癰。唶癰而色難之。已而，聞鄧通常為帝唶吮之，心慙。由此怨通矣⑫。

文帝既囑人為通看相，且信相士之言，賜通「嚴道銅山，得自鑄錢」，則其為通綢繆，不可謂不周全，然而人算不如天算，當文帝駕崩，景帝即位後，卻記起通昔日為其父唶癰之恨，抄了他的家，並斷絕其一切經濟來源，逼得他竟寄居在他人之家而死，也應驗了相士之言，堪稱靈異。

到了武帝時代，有一囚犯曾替衞青看相，斷言青來日將封侯，很出他的意料之外：

（衞）青為侯家人。少時歸其父。其父使牧羊。先母之子，皆奴畜之，不以為兄弟數。青嘗從入至甘泉居室。有一鉗徒，相青曰：「貴人也。官至封侯。」青笑曰：

「人奴之生，得毋笞 即足矣。安得封侯事乎？」⑬

衞青之姊名子夫，後爲武帝所幸，得男，立爲皇后，青也從而平步青雲，飛黃騰達，晋封爲長平侯，任命爲大將軍，跟鉗徒當年所言全合。由此可見，相術之神異，實在令人稱奇。

藉相術以勸反

至於將相術應用在人事上，則是很別致的。如楚、漢相爭最激烈時，齊國辯士蒯通勸淮陰侯造反，即很巧妙地加以套用：

齊人蒯通知天下權在韓信，欲爲奇策而感動之。以相人説韓信曰：「僕嘗受相人之術。」韓信曰：「先生相人何如？」對曰：「貴賤在於骨法，憂喜在於容色，成敗在於決斷。以此參之，萬不失一。」韓信曰：「善。先生相寡人何如？」對曰：「願少閒。」信曰：「左右去矣。」通曰：「相君之面，不過封侯，又危不安；相君之背，貴乃不可言。……蓋聞天與弗取，反受其咎；時至不行，反受其殃。願足下孰慮之。」⑭

蒯通爲了遊說韓信造反，用相術做引子，眞是善於取譬，煞費苦心，尤其轉到「相君之面，不過封侯，又危不安；相君之背，貴乃不可言」，更是一語雙關，妙不可言。由此我們可知兩點：蒯通爲說服韓信造反，事先確曾用過腦筋，而最後決定藉相術來打動對方，是經過深思熟慮而設計的，此其一；當時相術甚流行，韓信並不排斥它，再以《史記》本傳記他爲母喪尋找一高敞地下葬這件事看來，可知他是很信命理之道的。至於信不聽通之勸，而身死人手，爲天下笑，那是另一回事，不在本文論列之內，故從略。

史公之於相術

太史公自《春秋》至當代武帝記載了許多有關相人之事，由此探溯其因，可得五耑：忠於歷史，照實記載，此其一。相人之道，由來已久，且盛行於漢代，而他也深受影響，不能例外，故予實錄，此其二。太史公好奇，盡人皆知，而相術原本微妙玄通，奇異之至，故爲其所採錄，此其三。命理深奧，非人力可解，與其一味排斥，不如錄而供參，此其四。太史公慘遭李陵之禍，身受腐刑，使他對人世間有股莫名的悲憤與無奈，在這樣的情形下，促使他篤信命運，執著相術，廣蒐其事，筆之於文，實是很自然的事，此其五。正因如此，所以他對日者、龜策諸事也就多所涉獵，而興趣盎然，要爲他們分別立傳了。

結語

相術之道，實在奧妙，令人難以識其玄機，悉其關鍵，無怪聖如孔子也只有罕言命了⑮。太史公之所以不排斥命說，除筆者前段所述外，蓋其雖屬小道，但確有其可觀之處，殊難兩分，斷然割捨，這也是可理解的；不然，你說它迷信，爲什麼靈驗的是那麼多？篤信的又是那麼衆？若能瞭解此點，則太史公以爲李廣之不封，「數奇」⑯使然；霍去病之屢捷，「天幸」⑰成之，也就沒有什麼好奇怪的了。既然如此，那麼，與其視它爲荒誕不經，捨而不論，還不如讓它並存而共觀，而筆者之譔本文，也深有此意焉。

註

①見《史記會注考證》卷六七、〈仲尼弟子列傳〉、頁八八五。臺灣洪氏出版社、下同。
②見同前、頁八八七。
③見同前、卷七六、〈平原君虞卿列傳〉、頁九五七。
④見同前、卷七九、〈范雎蔡澤列傳〉、頁九八〇。

⑤見同前、卷八、〈高祖本紀〉、頁一六二。
⑥見同前、卷四九、〈外戚世家〉、頁七七四。
⑦見同前、卷五七、〈絳侯周勃世家〉、頁八二一。
⑧見同前、卷一〇六、〈吳王濞列傳〉、頁一一五八。
⑨見同前、卷一〇九、〈李將軍列傳〉、頁一一八一。
⑩見同註⑤。
⑪見同前、卷九一、〈黥布列傳〉、頁一〇五九。
⑫見同前、卷一二五、〈佞幸列傳〉、頁一三二三。
⑬見同前、卷一一一、〈衞將軍驃騎列傳〉、頁一二〇三。
⑭見同前、卷九二、〈淮陰侯列傳〉、頁一〇七〇。
⑮見《四書集註》卷五、〈子罕〉篇：「子罕言：利、與命與仁。」頁五五。臺灣世界書局。
⑯見同註⑨。按原文乃藉武帝誡衞青毋令李廣首當單于以表之。
⑰見同註⑬、頁一二〇七。

從《史記》論將率之道

前言

太史公閎識孤懷，筆參造化，記人敍事常有獨到之處，爲他人所不及。他爲年老的馮唐立傳，即激賞其對漢文帝論將的一段話，認爲他說得很精闢，而讚以「有味哉！有味哉」①！茲究唐答文帝之語，要點有三——君主任將須專信、將帥推恩要厚重、力戰敗北應寬赦——議論平允，發人深省。於是，引起筆者興致，綴輯《史記》中有關論將的敍述，予以探究，撰此拙文，以明其將率之道。

樹立軍威，振厲士心

《史記》記載兵法家的文章有兩篇：一是〈司馬穰苴列傳〉，一是〈孫子吳起列傳〉。這兩篇文章的重點跟章法可說是一致的。因此，據以析論，不難明其脈絡，得其綱領。司馬穰苴是春秋齊景公時人。當時，齊遭晉、燕的侵犯，一再敗北，景公很憂慮，晏嬰就推薦穰苴爲將，以期雪恥。景公召穰苴談論兵事，非常賞識，就任命他爲將，而他卻請求說：

臣素卑賤。君擢之閭伍之中，加之大夫之上，士卒未附，百姓不信，人微權輕。願得君之寵臣，國之所尊，以監軍乃可②。

景公允諾穰苴之請，派寵臣莊賈去監軍。穰苴辭別景公時，跟賈約好次日中午在軍門相見。穰苴回到軍營，做好一切準備工作，等候賈至，然而賈卻恃寵而驕，妄自尊大，接受親戚左右的餞行，延誤時間。次日中午，穰苴見賈不到，就將測量日影的圭臬推倒，把計算時辰的壺漏中的水放掉，而到營區巡視，指揮部隊，申明軍令。等一切就緒，已是黃昏時分，而賈才姍姍來遲。這時，穰苴就不客氣對他施以嚴厲的軍法：

（穰苴）召軍正問曰：「軍法期而後至者，云何」對曰：「當斬。」莊賈懼，使人馳報景公請救。既往，未及反。於是，遂斬莊賈，以徇三軍。三軍之士，皆振慄。久之，景公遣使者持節赦賈。馳入軍中。穰苴曰：「將在軍，君令有所不受。」問軍正曰：「軍中不馳。今使者馳，云何？」正曰：「當斬。」使者大懼。穰苴曰：「君之使，不可殺之。」乃斬其僕、車之左駙、馬之左驂，以徇三軍③。

穰苴殺賈，已使三軍之士振慄；接著，又按軍法斬了景公使者的隨從，砍斷車廂左邊的木柱，殺了車子左邊的驂馬，三軍之士自較前更爲振慄，而使穰苴原先顧慮的「士卒未附，百姓不信，人微權輕」，一掃而空。當然，軍隊在他的率領下，也就沒有打不勝的仗了。穰苴是如此，稍後的兵法家孫武又是怎樣？

孫子武者，齊人也。以兵法見於吳王闔廬。闔廬曰：「子之十三篇，吾盡觀之矣。可以小試勒兵乎？」對曰：「可。」闔廬曰：「可試以婦人乎？」曰：「可。」於是，許之，出宮中美女得百八十人。孫子分爲二隊，以王之寵姬二人各爲隊長，皆令持戟。令之曰：「汝知而心與左右手背乎？」婦人曰：「知之。」孫子曰：「前，則視心；左，視左手；右，視右手；後，即視背。」婦人曰：「諾。」約束既布，乃設鈇鉞，即三令五申之。於是，鼓之右。婦人大笑。孫子曰：「約束不明，申令不熟，將之罪也。」復三令五申，而鼓之左。婦人復大笑。孫子曰：「約束不明，申令不熟，將之罪也。既已明，而不如法者，吏士之罪也。」乃欲斬左、右隊長。吳王從臺上觀，見且斬愛姬，大駭，趣使使下令曰：「寡人已知將軍能用兵矣。寡人非此二姬，食不甘味。願勿斬也。」孫子曰：「臣既已受命爲將。將在軍，君命有所不受。」遂斬隊長二人以徇，用其次爲隊長。於是，復鼓之。婦人左、右、前、後、跪、起皆中規矩繩墨，無敢出聲④。

訓練女兵比男兵難，因其嬌柔有餘，穩重不夠，尤其訓練深宮中的美人更是不易，那是可以想見的，然而從右文中「婦人大笑」、「婦人復大笑」，轉到「無敢出聲」，關鍵在那裡？全在左、右隊長被斬，軍威得以樹立所致。宮中嬌貴的美人都能接受軍令的約束，則國中的士卒自然更不在話下了。

由於穰苴、孫武能樹立軍威，振厲士心，所以前者率師抗敵，使「晉師聞之，爲罷去；燕師聞之，度水而解。於是，追擊之，遂取所亡封內故境，而引兵歸」⑤。後者統兵爭霸，得以「西破彊楚入郢，北威齊、晉，顯名諸侯」⑥。太史公記載兩大兵法家的行事，都著眼在同一點，足見軍威的樹立實是決定交戰勝負的先決條件，也是爲將所必備的；否則，一切都是空談。之後，戰國趙奢，奉趙王之命，卻秦救韓，下令有以軍事勸諫的，處以死刑，而兵近武安，有一斥候相諫，奢立刻將他斬首⑦。又秦末，天下大亂，彭越被百餘少年推舉爲將後，下令次日早晨集合，遲到者問斬，而將最後一個遲到的以及譏笑他的人處以斬刑⑧，都是樹立軍威，使士心振慴而爲其所用的實證，所以太史公明示樹立軍威應是爲將之道的首要條件。

施予恩惠，感奮軍心

其次，太史公指出將帥對屬下施予恩惠是不可或缺的。有關此點，我們來看司馬穰苴的作法：

> 士卒次舍，井竈飲食，問疾醫藥，身由拊循之，悉取將軍之資糧享士卒，身與士卒平分糧食，最比其羸弱者。三日而後勒兵。病者皆求行，爭奮出爲之赴戰⑨。

穰苴能與士卒同甘共苦，所以士卒無不深受感動。當然，「病者皆求行，爭奮出爲之赴戰」，也就沒有什麼好奇怪的了。部下的心都被帶住了，還有打不敗的强敵嗎？穰苴之所以成爲名將，不只是因有《司馬兵法》的傳世，更重要的是他確知爲將之道而身體力行。接著，我們來看兵法家吳起的施爲：

起之爲將，與士卒最下者同衣食，臥不設席，行不騎乘。親裹贏糧，與士卒分勞苦。卒有病疽者。起爲吮之。卒母聞而哭之。人曰：「子，卒也。而將軍自吮其疽。何哭爲？」母曰：「非然也。往年，吳公吮其父。其父戰不旋踵，遂死於敵。吳公今又吮子。妾不知其死所矣。是以哭之。」⑩

右文起首至「與士卒分勞苦」是虛寫，而卒母言吳起爲其子吮疽云云是實寫，以明起之關愛士卒，深得屬下之心。不惟如此，即使卒母前有喪夫之痛，後有失子之憂，也都毫不怨尤，而連稱「吳公」兩次，以示衷心尊崇，該多不易！爲將之得士心如此，那有不斬將搴旗、揚名疆場之理！他如戰國李牧爲趙將，駐守邊境，防禦匈奴入侵，將軍市的租稅都用來犒饗士卒⑪。又漢景帝時，竇嬰爲大將，奉命率兵去平定吳、楚七國之亂，將朝廷賜給他的黃金全部陳列在廊廡下，只要軍吏經過，就命他們任意取得，而自己一點也不留下⑫，都是施恩於士的最好例證，足資取法，所以太史公强調爲將者對於士卒的施恩是不可忽視的；否則，誰來爲你拚死命、效死力！

將士相得，發揮戰力

什麼樣的兵，由什麼樣的將來帶，那是很重要的。因上下心性相投，才能使彼此融合，充分發揮戰力；否則，勢必力量抵消，難以取勝，所謂「千軍易得，一將難求」，也可用來做此詮釋。漢景帝三年，發生吳、楚七國之亂，爲首的是吳王劉濞。因其子在文帝時入京朝見，跟太子（即景帝）飲酒博奕，發生爭執，被太子用棋盤砸死，心裡很憤恨，所以當景帝即位，實施鼂錯所建議削減諸侯封地的措施，他就藉機挑撥離間，興風作浪，使朝廷十分危急。景帝就任命周亞夫、竇嬰、欒布等將領去平服他們，而史記吳王濞跟游俠兩篇列傳中都有以下的記載，很可玩味：

（亞夫）至雒陽，見劇孟，喜曰：「七國反，吾乘傳至此，不自意全。又以爲諸侯已得劇孟。劇孟今無動。吾據滎陽。滎陽以東，無足憂者。」⑬

周人以商賈爲資，而劇孟以任俠顯諸侯。吳、楚反時，條侯（周亞夫之侯名）爲太尉，乘傳車將至河南，得劇孟，喜曰：「吳、楚舉大事，而不求孟。吾知其無能爲已矣。」⑭

劇孟只是一個游俠，爲什麼對吳、楚七國舉事有這麼大的影響？連堂堂的太尉周亞夫得知吳國沒有任用劇孟爲將而竟喜形於色？而且太史公爲什麼要一再在傳文中提到這件事呢？說穿了，很簡單。因所謂吳、楚七國之亂，表面看來，是由吳、楚、趙、膠西、濟南、菑川、膠東七國作亂，實際上只有吳國在那裡主其事，其他六國僅是隨聲附和而已；同時，七國中以吳國力量較大，而其兵力來源卻都是些亡命之徒。因吳國有豫章郡銅山，可藉此鑄鐵，又封界靠海，可藉此煮鹽，引誘不少亡命之徒，而吳王濞徒具氣力，才情有限，所以太史公在其列傳中一再說濞招致天下亡命者⑮。吳國造反的兵力，既以亡命之徒爲骨幹，如果沒有一個尚氣任俠之士來率領，怎能壓得住陣？周亞夫長於練兵，頗具韜略，是漢初名將，自然深知個中密訣，所以當他知道吳王濞沒用游俠劇孟爲將，而要不禁喜形於色了。反之，吳國的那些亡命之徒，若由游俠劇孟來統領，再跟他在地方上的勢力相結合，情形就不一樣，而可充分發揮其力量，優勢大增，用句成語來形容，即「如虎添翼」。果眞如此，則漢朝中央政府要收拾吳、楚七國地方作亂的局面，可能就不那麼簡單，所以將士間是否相得，實在太重要了。

進言之，太史公藉漢高祖的話來提示賈人不可統兵作戰，則是很有識見的。因其重利，易爲對方收買。

（十年）八月，趙相國陳豨反代地。……九月，上自東往擊之，至邯鄲。上喜曰：「豨不南據邯鄲而阻漳水。吾知其無能爲也。」聞豨將皆故賈人也。上曰：「吾知所以與之。」乃多以金啗豨將。豨將多降者⑯。

陳仁錫說：「賈人爲將，將化爲賈，自古有之。」⑰由於豨將出身商賈，易爲利誘，結果導致失敗，太史公深明此點，所以特於記事中予以提示，以明賈人不可爲將。

又太史公在〈淮陰侯列傳〉中說儒者不可爲將，也是很可深思的。當漢將韓信聚兵井陘，將擊趙國，廣武君李左車勸成安君陳餘從小道斷絕韓信的輜重，然後深溝高壘，不要正面跟信接戰，使他前不得鬥，後不得退，再用奇兵斷絕他的後路，使他束手被縛，原本是條很好的策略；可是，餘卻答說：

吾聞兵法：「十則圍之，倍則戰。」今韓信兵號數萬，其實不過數千。能千里而襲我，亦已罷極。今如此避而不擊，後有大者，何以加之？則諸侯謂吾怯，而輕來伐我

⑱。

這幾句話該多迂腐，令人好笑！「兵不厭詐」，是盡人皆知的常識；可是，陳餘卻認爲這次不戰，以後有更多的軍隊來戰，該怎麼辦？又此次不戰，各國諸侯將譏笑他膽怯，怎麼下得了臺？全然不知「詐」爲何物，眞是其知可及，而其愚不可及，無怪太史公要評說「成安君，儒者也。常稱義兵，不用詐謀奇計。」⑲一言中的，道破儒者不可爲將的關鍵；不過，在此必須辨明的是太史公所謂的儒者，應是指迂儒，而不是通儒；否則，史册上迭見的儒將又該做何解釋！陳餘既然誤解義兵的眞諦，連打仗都講面子，當然，最後只有敗北一途，而成就對手韓信的名聲了。將非其人，如何與士相得？將士既不相得，又怎能奢求他取勝呢？所以太史公强調將士相得，是不無深義的。

善用兵法，出奇制勝

所謂兵法，是由軍事家憑藉其智慧、經驗跟學養所分析歸納出來的作戰的原理原則。這些原理原則雖十分精要，但並非一成不變，而須靠應用者明智的判斷跟靈活的施展，才能收克敵致果之效。像兵法家司馬穰苴、孫武、孫臏、吳起等，不但有自己一套作戰的理論，同時也熟知如何去善用它，所以很能發揮兵法的效力。於是，他們所著的兵法都爲後人所推崇，進而研鑽勿替，廣爲流傳，奉爲規範。像孫臏跟龐涓相鬥，臏就是根據孫武兵法上所說的原理原則，加以巧妙運用，而將涓擊垮的：

後十三歲，魏與趙攻韓。韓告急於齊。齊使田忌將而往。直走大梁。魏將龐涓聞之，去韓而歸齊。軍既已過而西矣。孫子謂田忌曰：「彼三晉之兵，素悍勇而輕齊。齊號爲怯。善戰者因勢而利導之。兵法：『百里而趣利者，蹶上將；五十里而趣利者，軍半至。』使齊軍入魏地爲十萬竈，明日爲五萬竈，又明日爲三萬竈。龐涓行三日，大喜，曰：「我固知齊軍怯。入吾地三日，士卒亡者過半矣。」乃棄其步軍，與其輕銳，倍日并行逐之。孫子度其行，暮當至馬陵。馬陵道狹，而旁多阻隘，可伏兵，乃斫大樹，白而書之曰：「龐涓死于此樹之下。」於是，令齊軍善射者，萬弩夾道而伏。期曰：「暮見火舉而俱發。」龐涓果夜至斫木下，見白書，乃鑽火燭之。讀其書，未畢，齊軍萬弩俱發。魏軍大亂相失。龐涓自知智窮兵敗，乃自剄曰：「遂成豎子之名。」齊因乘勝，盡破其軍，虜魏太子申以歸。孫臏以此名顯天下，世傳其兵法⑳。

「百里而趣利者，蹶上將；五十里而趣利者，軍半至」，見於《孫武兵法》的〈軍爭〉篇，意謂行軍百里去爭利的，將折損上將；行軍五十里去爭利的，將只能有一半的軍隊到達目的地。孫臏就是利用這條兵法所說的道理，命令齊軍進入魏地之後，邊戰邊走，先做十萬口竈留下，向龐涓示意有十萬人馬；第二天，減做五萬口竈留下，表示已折損一半人馬；第三天，又減做三萬口竈留下，明示又損失兩萬人馬，以符合兵法上所說的原理原則，讓涓上當，誘他入彀，而涓也依這條兵法所說的來判斷，只是不察臏的反用，而誤中其計，結果弄得走投無路，拔劍自殺。由此可見，兵法還是有它意義跟價值的，不可予以藐視譏誚。

兵法雖可信，但不可迷信；雖可用，但不可拘泥；否則，一味紙上談兵，不務實際，於事就無補了。戰國趙奢之子名括，就是犯了這個毛病，遭致全軍覆沒，可謂慘矣：

> 後四年，趙惠文王卒，子孝成王立。七年，秦與趙兵相距長平。時趙奢已死，而藺相如病篤。趙使廉頗將攻秦。秦數敗趙軍。趙軍固壁不戰。秦數挑戰。廉頗不肯。趙王信秦之閒。秦之閒言曰：「秦之所惡，獨畏馬服君趙奢之子趙括爲將耳。」趙王因以括爲將，代廉頗。藺相如曰：「王以名使括，若膠柱而鼓瑟耳。括徒能讀其父書傳，不知合變也。」㉑

趙王不聽藺相如之諫，一意要用趙括爲將，結果跟秦將白起交戰，不僅括被射死，連帶數十萬大軍都投降了秦國，而被活埋。太史公在傳文中對趙括有幾句記載，很可省思，即「趙括自少時學兵法，言兵事，以天下莫能當。嘗與其父奢言兵事。奢不能難，然不謂善」㉒。長平之戰，括之所以失敗，問題就出在這上面：只知死守兵法而不知活用。蜀漢的馬謖也是犯這個毛病，爲曹魏所敗，結果被諸葛亮斬了㉓。由此可知，死讀兵法，不知變通，不但濟不了事，反而會敗事，那是可以確信而無疑的。

反之，熟讀兵法而知取之左右逢其源，則可出奇制勝，高奏凱歌，也是不容懷疑的。有關此點，以韓信跟成安君陳餘對壘所出的背水陣，最爲著名：

（韓信）未至井陘口三十里，止舍。夜半傳發，選輕騎二千人，人持一赤幟，從閒道革山而望趙軍。誡曰：「趙見我走，必空壁逐我。若疾入趙壁，拔趙幟，立漢赤幟。」令其裨將傳飧曰：「今日破趙會食。」諸將皆莫信，詳應曰：「諾。」謂軍吏曰：「趙已先據便地爲壁，且彼未見吾大將旗鼓，未肯擊前行，恐吾至阻險而還。」信乃使萬人先行，出背水陣㉔。

結果一切都在韓信意料之中，打了一場極輝煌的勝仗，不僅在泜水上斬了成安君陳餘，而且擒住趙王歇。照理兵法以背水爲大忌，然而信卻以此陣得逞，使他屬下爲之大惑不解，等信告訴他們兵法上另有所謂的「陷之死地而後生，置之亡地而後存」，才使他們恍然大悟，佩服之至，而連連稱說：「善。非臣所及也。」兵法能讀到像韓信這個境界，才算是讀通，眞是「運用之妙，存乎一心」，那是死守兵法者所能企及？以此觀之，信之善用兵法，實是已臻化境，所以茅坤稱他爲兵仙㉕，確是很有見地。因仙有神奇莫測、無迹可尋的意思。

作戰的過程既是神奇莫測，瞬息萬變，因此，兵法也就成了最有用也最沒用的東西了，全要看將帥如何臨場判斷，隨機應變，才能掌握局面，獲致勝利，所以當漢武帝要霍去病學孫、吳兵法時，去病卻答以「顧方略何如耳，不至學古兵法」㉖。唐陸贄將這句話詮釋爲「是知兵法者，無他，見其情而通其變，則得失可辯，成敗可知」㉗。所謂見其情，即「他人有心，予忖度之」㉘，也就是「知己知彼」的意思；「通其變」，即「深則厲，淺則揭」㉙，也就是「因時制宜」的意思。不過，在此要提醒的是，任何事在初學的階段，法則是不可或缺的，然而到了高層次時，就不可一味拘泥，而須加以變化，進而活用；否則，勢必流於空疏，或趨向固執，而被譏爲不學無識，或食古不化。以上所論，當然，兵法的探求也不例外，或許還更講究些。這就是爲什麼有些人學了兵法，能成爲名將，而有些人卻不濟事，老打敗仗，其至比不學兵法的還要糟。太史公在〈田單列傳〉的贊語中說：「兵以正合，以奇勝。善之者，出奇無窮。奇正還相生，如環之無端。夫始如處女，適人開戶，後如脫兔，適不及距。」㉚很可做爲善用兵法、出奇致勝的註解。綜上所述，可知太史公提示爲將者須善用兵法確是很必要的。

切忌驕慢，免遭覆滅

戰國趙奢，長於戰略，從其對子括的評述中，可知其與戰極慎，不敢掉以輕心，所以能繼廉頗之後，成爲趙國的柱石，而其子括雖從小學兵法，精於議論，然失之簡慢，所以終無大用：

> 趙括自少時學兵法，言兵事，以天下莫能當，嘗與其父奢言兵事，奢不能難，然不謂善。括母問奢其故。奢曰：「兵，死地也。而括易言之。使趙不將括即已，若必將之，破趙軍者必括也。」㉛

奢說「兵，死地也」，即不敢大意的表現，而括卻「易言之」，顯然是一種輕視的心理。爲將如括，那有不覆滅之理？究其因，實驕慢使之。

又兩軍交戰，千萬不可高估自己的實力，藐視對方，流露驕態，這將導致自己潰敗而不免。老子說：「禍莫大於輕敵，輕敵幾喪吾寶，故抗兵相加，哀者勝矣。」㉜很可做此警戒。項氏世世為楚將，項梁於秦末起事，戰無不勝，攻無不克，可謂神勇，結果讓勝利沖昏了頭，而為章邯所誅，殊為可惜：

項梁起東阿西，北至定陶，再破秦軍，項羽等又斬李由，益輕秦，有驕色。宋義乃諫項梁曰：「戰勝而將驕卒惰者，敗。今卒少惰矣，秦兵日益，臣為君畏之。」項梁弗聽，乃使宋義使於齊，道遇齊使者高陵君顯，曰：「公將見武信君（項梁）乎？」曰：「然。」曰：「臣論武信君軍必敗。公徐行即免死，疾行則及禍。」秦果悉起兵，益章邯，擊楚軍，大敗之定陶，項梁死。㉝

將驕而使卒惰，是必然的因果關係。筆者在前面「將士相得、感奮軍心」一段中曾說過什麼樣的兵，由什麼樣的將來帶。將領對士卒的影響實在太大了，所以一旦將驕，則士必惰。以項氏之勇，尚不免身死，至於他人，那就更不要說了。

等而下之，楚將龍且，不自量力，藐視漢將韓信的能耐，結果濰水一仗，慘遭敗北，則更是將忌驕縱的殷鑑：

韓信已定臨菑，遂東進（田）廣至高密西，楚亦使龍且將，號稱二十萬救齊。齊王廣、龍且并軍與信戰。未合。人或說龍且曰：「漢兵遠鬭窮戰，其鋒不可當。齊、楚自居其地戰，兵易敗散，不如深壁，令齊王使其信臣招所亡城。亡城聞其王在，楚來救，必反漢。漢兵二千里客居。齊城皆反之，其勢無所得食，可無戰而降也。」龍且曰：「吾平生知韓信爲人，易與耳。且夫救齊，不戰而降之，吾何功？今戰而勝之，齊之半可得，何爲止？」遂戰。與信夾濰水陳。韓信乃夜令人爲萬餘囊，滿盛沙，壅水上流，引軍半渡，擊龍且。詳不勝，還走。龍且果喜曰：「固知信怯也。」遂追信渡水。信使人決壅囊。水大至。龍且軍大半不得渡。即急擊殺龍且。龍且水東軍散走，齊王廣亡去。信遂追北至城陽，皆虜楚卒。漢四年，遂皆降。平齊㉞。

韓信精於兵法，長於韜略，前面所說的背水陣，已使他聲名大噪，威震天下，照理龍且跟他對陣，應該格外小心，愼重其事才對；可是，他卻說「吾平生知韓信爲人，易與耳」，趾高氣揚，大言不慚，一副目無餘子、胸有成竹的樣子，其實則是自信太過，驕態畢露，結果被信打得落花流水，慘不忍睹，自身被殺，尙屬小事，可憐的是手下二十萬大軍不是殲滅，就是散走；不是散走，就是被虜，那才悽慘無比，令人悲歎。果眞如此，則對韓信來說，豈是「一將功成萬骨枯」所可形容！由此可見，太史公在在提示將忌驕縱是錯不了的，千萬別誤以爲他在「老生常談」。

拘形為下，樂從是尚

帶兵不只是方法，還應該是藝術。太史公對漢朝名將李廣、程不識不同的帶兵方法，曾有生動敍述，觀後即可知二者之高下，以明其將率之道：

程不識故與李廣俱以邊太守將軍屯，及出擊胡，而廣行無部伍行陣，就善水草屯舍止，人人自便，不擊刁斗以自衞。莫府省約文書籍事，然亦遠斥候，未嘗遇害。程不識正部曲行伍營陳，擊刁斗，士吏治軍簿至明，軍不得休息，然亦未嘗遇害。不識曰：「李廣軍極簡易，然虜卒犯之，無以禁也。而其士卒亦佚樂，咸樂爲之死。我軍雖煩擾，然虜亦不得犯我。」是時，漢邊郡，李廣、程不識皆爲名將㉟。

李廣帶兵，不拘形式，然而目的達到了；反之，程不識帶兵，處處講形式，目的也達到了。二者雖然殊途同歸，有異曲同工之妙，然而就士卒的心理來論，自然樂從李廣而不願追隨不識，所以當不識之議論李廣，要連下兩個「樂」字來說明廣之得士，非他可及，是很有道理的；不過，要達到李廣的境界，不是一件易事，如果做不好，極可能雜亂無章，酷似散兵游勇，流於「畫虎不成，反類狗者也」，而學不識不成，起碼還有個樣子在，所以太史公在不識論列李廣之後，要說上這一句話：「是時，漢邊郡，李廣、程不識皆為名將。」提示不識之將兵，也有可取之處，不可等閒視之。

至於平素訓練，則帶兵之道，自須拘於形式，恪遵規格，方能顯示嚴謹，表現精神；否則，勢必鬆弛乏力，看不出那股勁道來。有關此點，《史記》曾舉劉禮、徐厲二將跟周亞夫做個比較，以示他們的優劣高下：

文帝之後六年，匈奴大入邊，乃以宗正劉禮為將軍，軍霸上；祝茲侯徐厲為將軍，軍棘門；以河內守亞夫為將軍，軍細柳，以備胡。上自勞軍，至霸上及棘門軍，直馳入。將以下，騎送迎。已而之細柳軍。軍士吏被甲，銳兵刃，彀弓弩持滿。天子先驅至，不得入。先驅曰：「天子且至。」軍門都尉曰：「將軍令曰：『軍中聞將軍令，不聞天子詔。』」居無何，上至。又不得入。於是，上乃使使持節詔將軍，吾欲入勞軍。亞夫乃傳言開壁門。壁門士吏謂從屬車騎曰：「將軍約軍中不得驅馳。」於是，天子乃按轡徐行至營。將軍亞夫持兵揖曰：「介冑之士，不拜，請以軍禮見。」天子為動，改容式車。使人稱謝，皇帝敬勞將軍。成禮而去。既出軍門，羣臣皆驚。文帝曰：「嗟乎！此真將軍矣。曩者霸上、棘門軍，若兒戲耳。其將固可襲而虜也。至於亞夫，可得而犯邪！」稱善者久之㊱。

文帝讚亞夫爲「眞將軍」，而譏劉禮的霸上軍跟徐厲的棘門軍爲「若兒戲耳」，實在是很公平的。總之，凡事起步，形式是不可不拘的，而欲達高境界，則不可爲形式所拘，也唯有不爲形式所拘，才能化有形爲無形，稱得上好功夫、眞本領。從太史公記述李廣帶兵的例子來看，他强調將兵以拘形爲下，樂從是尙，應是很可玩味的。

結語

太史公雖爲大史學家，並未學武，然而他對將率之道的體認卻十分精深。因此，當他爲名將立傳，筆之於文，無不洞明究竟，別具隻眼，啓迪良多，足資借鏡。至其論及爲將切忌殺伐過多㊲，不可斲傷地脈㊳，以及爲將三世者必敗㊴，也都是從史實中詳察而歸納出來的寶訓，很可警惕。太史公所論將率之道，雖至今時隔二千多年，堪稱遙遠，然而以現世軍事的眼光來看，相信也都放諸四海皆爲準。此無他，因古今人情相差不遠，其心同，其理同。果眞如此，則太史公之立言，實有其深遠之旨，理當深思。

註

①見《史記會注考證》卷一〇二、〈張釋之馮唐列傳〉、頁一一三一。臺灣洪氏出版社。下同。
②見同前、卷六四、〈司馬穰苴列傳〉。頁八六一。
③見同前、頁八六二。
④見同前、卷六五、〈孫子吳起列傳〉、頁八六四。
⑤見同註②。
⑥見同註④、頁八六五。
⑦見《史記會注考證》卷八一、〈廉頗藺相如列傳〉、頁九九三。
⑧見同前、卷九〇、〈魏豹彭越列傳〉、頁一〇五七。
⑨見同註③。
⑩見同註④、頁八六七。
⑪見同註①、頁一一三〇。
⑫見《史記會注考證》卷一〇七、〈魏其武安侯列傳〉、頁一一六六。
⑬見同前、卷一〇六、頁一一六三。
⑭見同前、卷一二四、頁一三一九。

⑮見同前、卷一〇六、〈吳王濞列傳〉、頁一一五九、一一六二。

⑯見同前、卷八、〈高祖本紀〉、頁一七九。

⑰見《史記評林》、卷八、〈高祖本紀〉、頁二〇。臺灣蘭臺書局、下同。

⑱見《史記會注考證》卷九二、〈淮陰侯列傳〉、頁一〇六七。

⑲註同前。

⑳見同註④、頁八六六。

㉑見同註⑦、頁九九三。

㉒見同前。

㉓見《三國志集解》卷三九、〈蜀書〉、〈馬良傳〉、頁八三六。臺灣藝文印書館。

㉔見同註⑱。

㉕見《史記評林》卷九二、〈淮陰侯列傳〉、頁一二。

㉖見《史記會注考證》卷一一一、〈衞將軍驃騎列傳〉、頁一二〇九。

㉗見《陸宣公集》卷一一、〈論兩河及淮西利害狀〉、頁一。《四部備要》。臺灣中華書局。

㉘見《毛詩鄭箋》卷一二、〈小雅〉、〈巧言〉、頁八三。臺灣新興書局。下同。

㉙見同前、卷二、〈邶風〉、〈匏有苦葉〉、頁一四。

㉚見《史記會注考證》卷八二、頁九九八。

㉛見同註⑦、頁九九四。

㉜見篇下、章六九、頁一一九。《四部備要》。臺灣中華書局。

㉝見《史記會注考證》卷七、〈項羽本紀〉、頁一四三。

㉞見同⑱、頁一〇七〇。

㉟見《史記會注考證》卷一〇九、〈李將軍列傳〉、頁一一七九。

㊱見同前、卷五七、〈絳侯周勃世家〉、頁八二一。

㊲見同前、卷七三、〈白起王翦列傳〉、頁九四一。

㊳見同前、卷八八、〈蒙恬列傳〉、頁一〇四八。

㊴見同註㊲。

《史記・管晏列傳》析論

前言

《史記・管晏列傳》是篇合傳。所謂合傳，即合二人或二人以上的事迹爲一傳。《史記》合傳的基本條件是傳中人物間的關係須密切，或須有若干相同之處，可同時代也可不同時代。同時代的合傳，如同書〈廉頗藺相如列傳〉即是；不同時代的，可以本文析論的〈管晏列傳〉爲例。

管、晏之所以合傳

管仲、晏嬰雖爲不同時代之人，然彼此關係密切，且有不少相同之處，故可合爲一傳。茲據上論分析於後，以見其大略：

一、管、晏均爲齊人：管，潁上人；晏，萊之夷維人，並爲齊人。

二、管、晏均相齊君：管相齊桓公，晏相齊靈公、莊公與景公。

三、管、晏均有事功：管尊王攘夷，九合諸侯，一匡天下；晏歷事三君，厚殖國力。

四、管、晏均有論著：管著《管子》，晏著《晏子春秋》，並傳世而爲人所知。

五、管、晏均顯名諸侯：管任政於齊，名顯諸侯；晏善與君處，三世顯名於諸侯。

六、管、晏均影響深遠：春秋五霸，戰國七雄，齊並與焉，是實前有管仲施展其才，後有晏嬰奠定礎石使然。

七、管、晏均能彰顯本文主旨：管受知於鮑叔，晏則知越石父、御者，並可昭明本文主旨。

該傳去取之則

〈管晏列傳〉篇幅不大，太史公之撰寫該傳，符合一己義法者有二：

一、凡傳中人物有時間前後者，則前略而後詳：管爲春秋初期之人，晏爲春秋末期之人，相差百餘年，以常理言之，愈至後世，知之愈詳，故晏詳於管，勢所必然；後世知管，既不如晏詳，故該傳篇幅，晏大於管，甚爲合理，一如春秋至戰國，有五大刺客——曹沫、專諸、豫讓、聶政、荊軻，因有時間先後之別，故太史公爲他們立傳，除以次記載，循序而下，而著墨則以曹沫爲少，荊軻爲多。至前後人物串聯方式，以管、晏爲例，是管傳記載完畢，出以「后百餘年而有晏子焉」之句，引出晏嬰而續記。

二、凡傳中人物有著作傳世者，概不大段引述：太史公在該傳論贊中說：「吾讀管氏〈牧民〉、〈山高〉、〈乘馬〉、〈輕重〉、〈九府〉及《晏子春秋》，詳哉其言之也。既見其著書，欲觀其行事，故次其傳。至其書，世多有之，是以不論，論其軼事。」此爲其義法，證以他例：孫武、孫臏、吳起都有兵法傳世，而太史公在〈孫子．吳起列傳〉中也都略而不論，即其明證。明何艮俊說：「（管、晏）傳中載其所稱曰：『倉廩實而知禮節，衣食足而知榮辱，上服度則六親固。四維不張，國乃滅亡。下令如流水之源，令順民心。故論卑而易行。俗之所欲，因而與之；俗之所否，因而去之。其爲政也，善因禍而爲福，轉敗而爲功，貴輕重，愼權衡。』《管子》八十五篇，大要不出此數語矣。」①可謂洞明究竟，直指其要。至究太史公之所以出此義法，孫德謙之說，甚爲精到：「史公之略書而不論，其重在人，知史家之義法，應如是也。」②

該傳之主旨

〈管晏列傳〉的主旨是知人與薦達。知人與薦達是賢相的首務，故全文以「知」爲主眼。管仲時運不濟，歷經艱困，幸爲鮑叔牙所知，始得一一化解，繼則被進用於齊桓公，鮑叔又以身下之，是用反面筆法表達；晏嬰先知越石父賢，解其困厄，繼知御者抑損，薦以爲大夫，是用正面的筆法表達。一反一正，十分靈活；亦莊亦諧，甚爲傳神，故清吳見思評說：「管仲、晏子，是春秋時第一流人物，功業烜赫一時，操觚之家，不知當如何鋪序，史公偏只用輕清淡宕之筆，而以秀折出之，月影花香，另是一種境界。」③管、晏事功詳載簡册，《史記．齊世家》也有備述，故該傳毋庸贅記，而僅採二賢逸事，予以論列，以透視交友之道，故明陳子龍說：「管、晏功能甚偉，而太史公載其一二軼事，大要在結交推賢，意有所寄耳。」④當然，太史公之所以著重於此，與他身世感受有很大關係，這也就是曾國藩爲什麼要說「吾觀子長所爲《史記》，寓言亦居十之六、七」⑤。

該傳之寓言

太史公爲李陵辨冤，身下蠶室，處境困頓，無人伸以援手，至堪悲憐，此以其自謂「家貧，財賂不足以自贖；交遊莫救，左右親近，不爲壹言」⑥，最能記實。因此，當他爲管仲立傳，談到交友之道，自會感懷萬端，下筆極爲細致：

管仲曰：「吾始困時，嘗與鮑叔賈，分財利，多自與，鮑叔不以我爲貪，知我貧也；吾嘗爲鮑叔謀事而更窮困，鮑叔不以我爲愚，知時有利不利也；吾嘗三仕三見逐於君，鮑叔不以我爲不肖，知我不遭時也；吾嘗三戰三走，鮑叔不以我爲怯，知我有老母也；公子糾敗，召忽死之，吾幽囚受辱，鮑叔不以我爲無恥，知我不羞小節而恥功名不顯于天下也。生我者父母，知我者鮑子也。」

從這段記述中可知要交到知心朋友，極爲不易，必須容忍對方的缺點——貪、愚、不肖、怯與無恥，而且這些缺點都很嚴重，令人難以忍受；不要說是朋友，即使親如妻子恐也難以接受；否則，也就沒有「相識滿天下，知心有幾人」這句話了，然而當管仲尚未顯達，相繼暴露這些缺點時，慧眼識英雄的鮑叔竟能一一相容，終於成就管仲的偉業，也彰顯珍貴的友情，這對身處困境、孤獨無援的太史公來說，是很思慕的，然而在他現實的環境裡竟未能如願，則其轉至失望也是可想見的，無怪當他記述管仲事迹後，要結以「天下不多管仲之賢，而多鮑叔能知人」。此語下得極重，明茅坤即指出說：「按此一段摧碎管仲心。」⑦在在說明鮑叔事功雖不及管仲，然其深明交友之道，爲世所重，實非管之可及，也充分說明世間友情之可貴，知己之難覓，故宋黃震說：「世之人，見賢而稱其賢，見智而稱其智，未足言知人；惟其人方困窮時，其迹有甚於不賢不智者，而己獨有以察其心，若鮑叔之於管仲，千古一人耳。」⑧

接著，太史公對晏嬰之事，以賢者越石父爲例，說明知己不僅須解人之困，更要禮遇對方：

越石父賢，在縲紲中。晏子出，遭之塗，解左驂贖之，載歸。弗謝，入閨。久之，越石父請絕，晏子戄然，攝衣冠，謝曰：「嬰雖不仁，免子於厄，何子求絕之速也？」石父曰：「不然。吾聞：君子詘於不知己而信於知己者。方吾在縲紲中，彼不知我也。夫子既已感寤而贖我，是知己。知己而無禮，固不如在縲紲之中。」晏子於是延入爲上客。

解人之厄，對賢者來說，是最起碼的，進而對其禮遇才能顯示解人之厄的眞義；否則，只是解決對方的物質生活而已，其才具還是不能展現，這對賢者來說是不能忍受的，當然，對識拔人才來說，也是欠缺的。從太史公上段記述中，可知他是很希望自己能像越石父遇到晏嬰般的相助，然而卻落空了，其心情落寞也是可想而知的，無怪他要藉越石父之事，發抒「君子詘於不知己、而信於知己者」的道理。

太史公另記晏嬰一逸事是這樣的：

> 晏子爲齊相，出。其御之妻，從門閒而闚其夫。其夫爲相御，擁大蓋，策駟馬，意氣揚揚，甚自得也。既而歸，其妻請去。夫問其故。妻曰：「晏子長不滿六尺，身相齊國，名顯諸侯。今者妾觀其出，意念深矣，常有以自下者。今子長八尺，乃爲人僕御，然子之意，自以爲足，妾是以求去也。」其後夫自抑損。晏子怪而問之。御以實對。晏子薦以爲大夫。

這段記述包涵三層意思：

一、御者平素「意氣揚揚，甚自得也」，晏子並非不知，只是普天下御者大多如此，不能苛求；否則，他就不是御者了，所以待人要寬厚，不可求全責備。

二、人都會犯錯，且犯錯不易知，有時須藉旁人的提示而改正；若經提示而不改正，那只有習以為常，日趨下流了。

三、晏子發現御者改正缺失，予以提拔，薦為大夫，說明人才處處有，在位者須給機會，這也是為政者的首務；否則，人才永遠無法出頭。

這三層意思反射到太史公身上，自多感觸，可以說太史公即使想做那個御者而不可得。當然，癥結還是在武帝不能諒解他為李陵辨冤，自然也就談不上解厄與識拔了。

管、晏事功顯赫，然若要比較二人高下，當然管高於晏，而太史公在他的贊語中卻對晏特別推崇，說了「假令晏子而在，余雖為之執鞭，所忻慕焉」。這並非太史公不公正，而是他在評述二賢事功之餘，論及二賢的行事，管仲為鮑叔牙所知，是被動的，而晏嬰先知越石父賢，繼知御者抑損，是主動的，可謂仁而下人；再者，管仲事功卓著，孔子曾許之以仁⑨，此豈太史公所敢望，自不便以此自況，而越石父、御者出身微賤，以此自喻，自較為宜，故清徐與喬說：「兩傳絕不敍事迹，於仲則入自陳一段，可歌可泣；於嬰則述兩逸事，竟結總寫知己悲感之情，即贊中為之執鞭，所欣慕之意，風神超雋，與〈伯夷傳〉同絕。」⑩

管仲雖遇明主齊桓公，得以施展才具，成就事功，然桓公畢竟是個諸侯，就格局言，不能與一統天下的漢武帝相比；晏嬰雖歷事三君，然三君平庸，就才略言，更不能望漢武帝的項背。照理太史公處在武帝的時代裡，應有所知遇才對；可是，事實上卻令他失望與懊惱，故他在該傳中發出感歎是很自然的。當然，他對世態炎涼感受也就特深，試觀他爲武帝時汲黯、鄭當時二賢寫傳，目睹二人中經罷官家居，賓客越發零落，不免感懷，而在該傳論贊中要說：「夫以汲、鄭之賢，有勢則賓客十倍，無勢則否，況衆人乎！下邽翟公有言，始翟公爲廷尉，賓客闐門；及廢，門外可設雀羅，翟公復爲廷尉，賓客欲往，翟公乃大署其門曰：『一死一生，乃知交情；一貧一富，乃知交態；一貴一賤，交情乃見。』汲、鄭亦云，悲夫！」其實這幾句話用在太史公自己身上，何嘗不是最好的寫照！同書〈酷吏列傳〉，太史公又用了相當多的筆墨，歷記武帝好法，酷吏大興，復觀純儒董仲舒、社稷臣汲黯不被重用，可見他對武帝的不滿似也有所表露。其實任何一個時代都會有不平之事，問題是最不平的事竟被他碰上了，且他又是個觸覺敏銳、感情豐富的史官，所以當他下筆爲管、晏立傳，在情感上怎能不有所牽扯與引伸？說白了，他那裡不知「富貴多士，貧賤寡友，事之固然也」⑪，只是塊然獨處，百感交集，一吐心中的憤懣罷了。

該傳之取材布局

該傳取材與布局有別於同書他傳，頗多變化。其前傳管仲，重點在第二段，即管自述鮑叔知其貧，所以多分自己財利，而鮑不以他爲貪；知其時不利，所以曾爲鮑謀事卻更窮困，而鮑不以他爲愚；知其不逢時，所以曾三仕三見逐於君，而鮑不以他爲不肖；知其有老母，所以曾三戰三走，而鮑不以他爲怯；知其不羞小節，而恥功名不顯於天下，所以幽囚受辱，而鮑不以他爲無恥。用的是藉言記事的手法，歷述鮑之知管，以示知己難得，而與一般平鋪直述不同，所以顯得生動活潑，客觀可信，很能讓讀者融入情景，加深感受，宜乎明王維楨曾評說：「既述其事，又發其義；觀詞之辨者，以爲議論可也；觀實之具者，以爲敍事可也。」⑫當管傳交代完畢，太史公就以「后百餘年而有晏子焉。」一句話引出晏子，這是他寫合傳慣用的手法。晏子引出後，太史公就以解越石父之厄與識拔御者二則逸事來記述，有情景，有對白，宛如歷史小說，卻不失其眞，與前傳管仲迥然不同，然措辭用句卻又能彼此調和，不致隔閡，很能以文馭事，從小故事中講出了大道理，確爲個中高手。至如劉知幾非議太史公說：「撰〈孔子世家〉，多採《論語》舊說，至〈管晏列傳〉，則不取其本書，以爲時俗所有，故不復更載也。案《論語》行於講肆，列於學官，重加編勒，秖覺煩費。如管、晏者，諸子雜家，經史外事，棄而不錄，實杜異聞。夫可以除而不除，宜取而不取，以斯著述，未睹厥義。」⑬是實不知太史公撰該傳的初心本義，僅斷斷於二賢的事功，故有此見，而非太史公的未睹厥義。

結語

《史記．管晏列傳》表面上看來，是太史公爲管、晏二賢記傳，實際是傷心人別有懷抱，自憐其弗遇，因此他以逸事爲該傳素材，透過生花妙筆，組織成文，以表達人世間交友之道，故明陳仁錫論該傳說：「於朋友之倫，三致意焉。」⑭再者，他驟遭横禍，境遇堪憐，因此在傳中自鳴其鬱，頗多寓言，也是可理解的；不過，比之同書的〈伯夷列傳〉，感慨善不必福，惡不必禍，怨悱形於簡策，借他人酒杯，澆胸中的磈磊，以顯君臣之倫，則其吐辭屬句算是平和的了。

註

①見《四友齋叢說》卷二、〈子二〉。大陸中華書局一九五九年四月版。

②見《太史公書義法》卷上、〈略書〉、頁三三。臺灣中華書局。

③見《史記論文・管晏列傳》頁三五〇。臺灣中華書局。

④見《史記評林・管晏列傳》頁三、引。臺北蘭臺書局。下同。

⑤見《曾文正公全集・文集》、〈聖哲畫像記〉、頁一二〇。臺灣中華書局。

⑥見《漢書補注》卷六二、〈司馬遷傳〉、頁一二五六。臺灣藝文印書館。

⑦見同註④、頁二。

⑧見《黃氏日抄》卷四六、頁二七〇。影印文淵閣《四庫全書》、冊七〇八。臺灣商務印書館。

⑨見《論語・憲問》頁一一。《四部備要》。臺灣中華書局。

⑩見《經史辨體・管晏列傳》。敦化堂增删定本。

⑪見《史記會注考證》卷七五、〈孟嘗君列傳〉、頁九五四。臺北萬卷樓圖書公司。

⑫見同註④、〈讀史總評〉。

⑬見《史通通釋》卷一六、〈雜說上〉、頁七。《四部備要》。臺灣中華書局。

⑭見同註④、頁四、引。

淺說《史記・孟荀列傳》

前言

史公之文，獨步千古，雄健變幻，開闔多端，潛心研讀，情趣無限，後世奉為文史圭臬，良有以也。其文篇篇有章法，綜而彙之，百三十篇又有章法，為他籍所不具，該書所獨有。其〈孟荀列傳〉一文，奇特曲折，出人意表，設不咀嚼翫味，實難心領神會，知其奧旨。

太史公乃孟子之知己

夫究史公之所以合孟、荀二儒為一傳，竊以其理有五：二儒皆祖述仲尼，為儒家傳人，此其一；二儒皆著書立說，弘揚聖道，此其二；二儒皆設帳授徒，功在杏壇，此其三；二儒皆守正不阿，不慕榮利，此其四；二儒所主雖異，唯皆論列人性，此其五。關係至密，性質極近，合而傳之，豈不相宜？至其命篇，先孟後荀，其理安在？可得聞乎？或曰孟子蚤於荀子，固宜置前。此實知其一而不知其二，明其然而不知其所以然。蓋一己之道，弘揚與否，有賴三者：曰時君、曰弟子、曰知己。孟子不遇時君，難展其志，欲期大道相傳，則捨弟子與知己莫由，而其弟子萬章、告不害、公孫丑等，論學則不逮其師遠甚，又彼等事功亦乏赫赫之績，故傳師之道，勢必不彰，而荀子則不然，嘗深受春申君之禮遇，三爲祭酒；又其門人韓非爲秦王政所激賞，曾不惜干戈以求；李斯位居丞相，人臣之極，雖改其師之道，不列傳人，然振揚其師之名望，則不可謂無功，故是時荀子聲譽之隆，斷非孟子所可望其項背，然史公別具慧眼，洞明究竟，深知千載之下，孟子必凌乎荀子，以其道不得不然也。訖有唐昌黎韓愈出，果崇孟子之道，不遺餘力，致使孟子漸居荀子之上。由此觀之，該文命篇，先孟後荀，豈徒然哉！史公實孟子之知己也。

唯太史公能為此奇文

該文布局，奇特之至，先孟後荀，中雜並世諸子，且全文凡一千四百三十有三字，其敍孟子者一百三十有七字，荀子者一百九十字，並世諸子者一千一百零六字①，殊不相稱，似有本末倒置之嫌，喧賓奪主之疵，豈非傳記之大忌！竊曰非也。史公別有深義焉。蓋史公深知孟、荀二儒，其人必傳，其書必傳，欲悉其人，可觀其書，故記二儒之迹，寥寥數筆，無庸贅述，而並世諸子，雖烜赫一時，權傾當代，唯歲月無情，難經考驗，豈可比肩二儒？然諸子之說，雖屬小道，必有可觀者焉，為懼湮沒，殊為可惜，故又不得不刻意描述，翔加論列。至今觀之，如騶衍九州之說，與今地理之學，頗多吻合；復觀孟、荀二書，相傳至今，果廣被誦讀，然則史公之略記二儒，詳述並世諸子，豈無因也！且藉此襯托二儒之失路，益致人無窮之感慨，是乃何等筆法！豈班、范、陳、歐之可及②！唯奇人始能為奇文，而史公為奇人，故能為此奇文。

結語

孟子曰：「雞鳴而起，孳孳為善者，舜之徒也；雞鳴而起，孳孳為利者，蹠之徒也。欲知舜與蹠之分，無他，利與善之閒也。」③荀子曰：「今人之性，生而有好利焉。順是，故爭奪生而辭讓亡焉。」④具此卓見，身體力行，始能鄙棄名利，超凡入聖，縱寂寞終生，亦無憾焉。史公深明二儒之苦心，故全文以一「利」字為線索，逐字引出，娓娓道來，何其宛轉！循讀再三，能不惕厲良深！

註

①據《史記會注考證》本計算。臺灣藝文印書館。

②指班固、范曄、陳壽、歐陽脩。

③見《四書集注》、《孟子》、卷一三、〈盡心章句上〉、頁三〇一。臺灣臺灣書店。

④見《荀子集解》、卷一七、〈性惡〉篇第二十三、頁二八九。臺灣世界書局。

最毒婦人心

呂后析論

前言

能忍之人，當其遇到困境，自會逆來順受，委屈自己，尤其當一個女人隨著丈夫打天下，飽經憂患，而天下打下之後，又遭丈夫移情別離，疏遠冷落，則其承受的委屈，當可想見。正因如此，所以當她一朝權在手，一方面爲了固守得之不易的名位，一方面爲了宣洩長期壓抑的情緒，則其做出狠毒之事，也是很自然的；不過，狠毒得讓人咋舌駭聞，則不多見，而歷史上的呂后就是這麼一個人。

呂后寫入本紀有其深義

太史公撰《史記》，將呂后列入「本紀」，而將惠帝附在其中，確是很有深義；但也引起後世相當多的爭議。他們認爲呂后沒登基稱帝，惠帝還在位，不能將她寫入本紀，只能載於列傳。有關此點，筆者認爲須先對本紀之義釐淸，才能獲一正確結論。本者，根本也；紀者，紀錄也；本紀者，紀錄根本之事也。根本之事指的是什麼？就過去君主體制來說，無疑是指政權的掌握。職是，本紀取材的準則，應以當時政權的掌握者爲對象，可以是國君，也可以不是國君；可以是男性，也可以不是男性。試看漢高祖過世後的政局，惠帝雖在位，然而實際政權卻操在呂后之手。換言之，惠帝有名無實，而呂后卻無名有實。在這樣的情形下，太史公紀實，將呂后寫入本紀，不是很有歷史見識嗎？郭嵩燾說：「案此「本紀」中明言『孝惠日飲，爲淫樂，不聽政』，是惠帝初立後，呂后專殺自恣，政由己出，固已久矣。史公不爲惠帝立紀，以紀實也。」（《史漢札記》卷一）很能道破個中肯綮。若能同意此點，再看班固撰《漢書》，將惠帝、呂后分寫二本紀，不是太拘泥體例的一致，而失卻其深義嗎？這層道理如能理解，則其他如太史公將項羽寫入本紀而引起的爭議，也可一併獲致答案。果眞如此，則鄭樵說：「（司馬）遷遺孝惠而紀呂，無亦獎盜乎！」（《通志・帝紀序》）豈不謬哉！

高祖背負殺戮功臣之名

呂后名雉，字娥姁。其父呂公和沛縣縣令相善。呂公爲了躲避仇家，遷至沛縣，做了縣令的座上客。縣中豪傑吏人，聽說縣令家有貴客，都去送禮赴宴，而此時劉邦尚未發迹，也在致賀的人羣中。呂公很會看相，當他看到劉邦氣度不凡，相貌堂堂，就示意他留下，主動將女兒許配給他，所以呂后是他的原配。日後，劉邦反秦，乃至與項羽逐鹿中原，呂后一直跟著他，吃了不少苦，甚至項羽在彭城與劉邦交戰，劉邦敗走，家人失散，呂后與太公還一度落入項羽之手，被留在營中。由此可見，呂后與劉邦應是一對患難夫妻。或許正因如此，所以日後劉邦騰達，位居九五之尊，也就一直不忍將她拋棄。由於呂后長期跟隨劉邦征戰，歷盡艱難險巇，深諳江山得之不易，因此她對劉邦帝位的鞏固與維護，一直非常在意，絕不容許任何人對他有絲毫威脅，於是猜測之心迭生，殺機也就接踵而起。在天下一統之初，最能威脅帝王權柄的，是擁有軍隊的將帥，而先前爲劉邦打天下出力很多的將帥，依次是韓信、彭越與黥布。因此，她第一個要殺的便是齊王韓信。

漢五年，劉邦滅項羽。次年，即採陳平的詭計，僞稱南遊雲夢，召韓信前往相會，而將他擒服，貶爲淮陰侯，解除兵權，留京察看。漢十一年春，劉邦出征陳豨，呂后趁此機會，就利用一手提拔韓信的蕭何，誘騙韓信入宮，以反叛之罪，將他在長樂宮的鐘室中殺了，並夷滅其三族。她這一狠招，著實出乎劉邦所料，無怪當他出征回來，知悉此一事件，心情錯綜複雜，無以排解，而使太史公在〈淮陰侯列傳〉中描述劉邦當時的心情要下「且喜且憐之」五個字。這五個字下得實在太好了，眞是入木三分，傳神之至。因劉邦喜的是拔了眼中釘，去了肉中刺；憐的是韓信並未造反，只是功高震主罷了，然而卻落得如此下場。由此可見，韓信之遭毒手，全是呂后一人所爲，應與劉邦無涉。接著，呂后要下手的對象是梁王彭越。

漢十年秋，劉邦出征陳豨，至邯鄲，向彭越徵兵，而彭越稱病不往，只派部下率軍支援，導致劉邦不悅。後彭越遭部下誣陷，劉邦就暗中派人將他抓來，囚禁在雒陽。經查彭越無造反的實據，就將他赦爲庶人，流放到蜀地青衣縣。彭越途中遇見呂后，在她面前哭訴，自言無罪，希望仍能留在故鄉昌邑。呂后當場答應，就和他一起回轉雒陽。那知呂后見了劉邦，卻嗾使劉邦將他殺了，以絕後患。次年夏，劉邦果從其言，將他殺了，剁成肉醬，做成肉羹，遍賜各諸侯；同時，夷滅其三族。手段之殘酷，比之對付韓信，有過之而無不及。由此可見，彭越之死，也是呂后一手促成的。三將去其二，下一個要解決的便是淮南王黥布。

黥布眼看韓信、彭越相繼被殺，心生害怕也是極自然的事。因此，他暗中派人部署軍隊，隨時注意鄰郡狀況，以便應變，也是可以原諒的；可是，最後還是爲了女色之故，遭人誣控，而不得不走上與劉邦對決之路。因他心知肚明，只要有人告其造反，不論眞實與否，劉邦是饒不了他的。既然如此，與其束手就縛，還不如放手一搏。於是，他就興兵與劉邦對壘，結果被打敗，逃至番陽，被當地人所殺，一世英名盡付流水。至於這筆帳要算在誰的頭上呢？筆者認爲應該算在呂后的頭上。若她不誅韓信、彭越於前，黥布也就不會反之於後，這是很明顯的道理，應不難看出。

昔日三大戰將，功勳彪炳，該多顯赫！然而沒想到由於呂后的忌刻，竟落得這般悽慘的下場，能不令讀史者掩卷長歎！家有不賢婦如此，則劉邦背負千古殺戮功臣之名，也就不足爲怪了。

呂后是天下最毒的婦人

劉邦晚年寵愛戚夫人，對呂后不免冷落疏遠，這在古代宮闈中是極自然的事，而呂后身爲婦人，對戚夫人的嫉恨也是極自然的事，然而問題是劉邦死後，她對戚夫人母子下的毒手，實在太殘酷了，相信任何人讀到這段史實，都會毛骨悚然，不寒而慄。據《史記．呂后本紀》記載，漢十二年，高祖崩，呂后首先將戚夫人囚於永巷；同時，屢次設計陷害其子趙王如意，幸好此時有惠帝在旁維護趙王如意，使他得以暫時倖免。不意有一次呂后聞趙王如意獨居，就派人將他毒死。她一不做，二不休，接著，便砍斷戚夫人的手腳，挖去她的眼睛，火灼她的耳朵，並逼她喝下啞藥，讓她住在窟室裡，稱她為「人彘」，眞是極盡迫害羞辱之能事。過了幾天，還召惠帝去看人彘。當惠帝看了這殘酷的一幕，得知眼前的人彘就是戚夫人，不禁放聲大哭。從此病了一年多，無法起身，不得不派人對呂后說：「這種事不是人做得出來的。我身為太后之子，實在不能再治天下了。」這是多麼沈痛的話！尤其出於己子惠帝之口，更可看出呂后的心狠手辣，殘暴不仁。這樣看來，惠帝從此每天喝酒，沈湎淫樂，不再理政，乃至短命而殞，實是其來有自，應由呂后負責。時至今日，女權提升，若有人敢說「天下最毒婦人心」這句話，一定會引起普天下女性的不平與反擊，然而當她們讀到《史記．呂后本紀》這段記載，一定會認為「天下最毒婦人心」此話一點也不假。走筆於此，能對呂后的作為不齒冷嗎？職是之故，若劉邦地下有知，遇見呂后，不面斥她是天下最毒的婦人，則筆者斷然不信。

漢十二年，高祖臥病牀榻。呂后問說：陛下百年後，蕭何假使死了，誰可繼其位？高祖答以可由曹參繼其位。又問曹參下一個人選。高祖答以可由王陵繼其位，然而此人稍戇直些，須由陳平輔助他；唯陳平足智多謀，然而很難單獨勝任此一位置；又周勃穩重篤厚，要安定劉家的人，必定是他，可命他作太尉。呂后又問陳平以後的人選。高祖就答說：這以後的事，不是妳能知道的了。這段問答記在〈高祖本紀〉中，而後呂后臨朝稱制，對丞相的任免，大抵遵循這個指示。這大概是當時有大臣在側見證，遂使她的舉措有所顧忌，不敢輕舉妄動，然而她對高祖後宮的其他嬪妃，可就不客氣了。據《史記．外戚世家》記載：「及高祖崩，呂氏夷戚氏，誅趙王，而高祖後宮，雖獨無寵疏遠者得無恙。」她殺戚夫人母子，筆者在前文已有交代，此不贅述。至於她殺高祖後宮的嬪妃，太史公是用反面的筆法來敍述，很值得翫味深思。如果將它調整過來，其意是：凡後宮的妃子，只要是高祖生前所喜歡的，都慘遭毒手，被送入鬼門關。其嫉妒之烈，下手之狠，著實讓人膽顫心寒，可說爲後代的武則天開了一條殺戮之路，大可肆無忌憚，有樣學樣。〈太甲〉說：「天作孽，猶可違；自作孽，不可活。」這句話雖不能及時應驗在呂后身上，然而惠帝先呂后而死，呂后膝下除魯元公主外，又別無所出，豈不應了古代另一名訓——「始作俑者，其無後乎？」

崇呂抑劉仍然枉費心計

惠帝在位七年而死。當時丞相爲安定政局，就採留侯張良之子張辟彊的策略，建議呂后任命呂台、呂產、呂祿爲將軍，統領南、北二軍，以安呂后之心。呂后聽後，欣然接納，於是掌握整個政權，而諸呂勢力也就藉此驟起。同時，呂后立少帝，由己代行天子事，所有政令全由她一人發出。四年，廢少帝，另立常山王劉義爲帝，改名爲「弘」，儼然是個女皇帝。她雖是女流，但卻很有手腕。大抵說來，她對劉、呂二氏的作爲是這樣的：對劉氏是寵絡迫害，兼而有之；對呂氏是廣封侯王，厚植勢力。先說前者：她將呂產的女兒嫁給趙王劉恢，呂祿的女兒嫁給朱虛侯劉章，就是籠絡的顯例。至於迫害劉氏之事，可由以下二例得知。趙王劉友，不喜呂氏之妻，口出怨言，其妻向呂后進讒。呂后就將他召至京城，予以軟禁，斷絕飲食，而被活活餓死。又如趙王劉恢，不喜呂氏之妻，愛幸另一女子，其妻就將該女毒死，使他抑鬱寡歡，自殺身死，而呂后則以他因婦人而棄宗廟禮節爲由，廢其嗣位。總之，順則生，逆則死，使劉氏元氣大喪，則無二致。其次，談其厚待諸呂。漢高祖生前立有規制，即「非劉氏王者，天下共擊之」；可是，當呂后當政，卻公然破壞該制。她先追尊酈侯呂台之父爲悼武王，作爲封諸呂爲王的伏筆。接著，她相繼封呂台、呂嘉、呂產爲呂王，呂祿爲趙王，呂通爲燕王。等而下之，封呂氏爲侯，舉其犖犖大者，有呂種爲沛侯，呂平爲扶柳侯，呂祿爲胡陵侯，呂嬃爲臨光侯，呂他爲兪侯，呂更始爲贅其侯，呂忿爲呂城侯，呂莊爲東平侯，呂榮爲祝茲侯。另外，令趙王呂祿爲上將軍，率領北軍，呂王產率領南軍，使軍政大權悉由劉氏轉至呂氏。究其心理，概是她對高祖晚年疏離她的一種報復。說穿了，還是一個「妒」字在作祟。

以今天的眼光來看，呂后是個不折不扣的女强人。即使她臨終時，還不忘告誡呂產、呂祿務須掌握軍隊，不可被人制服。她這個囑咐是很對的；可是，呂產、呂祿不是料子，呂后八年七月死，次月呂祿就中計，將北軍的兵權交給太尉周勃，而被架空。接著，呂產不知呂祿已交出兵權，貿然入宮，爲朱虛侯劉章的部下所殺。呂產被殺，南、北二軍不爲諸呂所用，則呂祿以下的命運也就可想而知了。呂后生前用盡心計，爲諸呂謀取權勢，結果到頭來還是一場空，眞是老天有眼，饒過了誰！

結語

太史公在〈呂后本紀〉的贊語中，對她的評論是「故惠帝垂拱，高后女主稱制，政不出房戶，天下晏然，刑罰罕用，罪人是希，民務稼穡，衣食滋殖。」似乎對她很讚美，殊不知這全是高祖爲她打下的基礎，尤其丞相制度的建立，人選早作安排，都對她很有助益；再者，這些治政大臣，既是功臣，又是能臣；復在戰亂之後，力行黃、老治術，與民休息，因此局面維持得還不錯，實際與呂后的才具是不相干的，自不能與唐朝的武則天相提並論。至於呂后種種忌刻的惡行，爲後世的武則天、慈禧太后立下極壞的榜樣，讓她們起而效尤，這倒是可以肯定的。

至其私德，在〈酈生陸賈列傳〉中，有提到「辟陽侯行不正，得幸呂太后」、「辟陽侯幸呂太后」。案：辟陽侯是審食其的封號，從該傳的「幸」字，可知他與呂后的關係非同尋常，明眼人一看即知，還用講嗎？

景帝是個好皇帝嗎

景帝析論

前言

楚、漢相爭，劉邦從驚濤駭浪中誅滅項羽，一統天下，可謂艱難！此後歷經惠帝、呂后、文帝的無為而治，休生養息，到了景帝已是一個富庶安定的局面，這可分別從《史記》呂后跟文帝本紀的贊語中得知：「孝惠皇帝、高后之時，黎民得離戰國之苦，君臣俱欲休息乎無為，故惠帝垂拱，高后女主稱制，政不出房戶，天下晏然，刑罰罕用，罪人是希，民務稼穡，衣食滋殖。」①「漢興至孝文四十有餘載，德至盛也。廩廩鄉改正服封禪矣。謙讓未成於今。嗚呼！豈不仁哉！」②所以景帝的政績只是承繼其先人餘蔭罷了，談不上什麼圖治跟新猷。這樣看來，《史記．景帝本紀》贊語給他的評論是「漢興，孝文施大德，天下懷安。至孝景，不復憂異姓。」③應很貼切，甚爲允當。由於文、景二朝是我國歷史上的治世，有「文、景之治」的美稱，一直被人們所讚許，再加上文帝是個不折不扣的好皇帝，口碑甚佳，因此，一般人不明底蘊，無形中就會聯想到其子景帝大概也不差。其實這個推論不很正確，只要翻閱一下《史記》，稍加析論，即可發現跟事實很有出入，而世人之所以有此誤解，實緣於將其治世跟爲人混於一談所致。

不守禮法

景帝做太子時，吳王劉濞遣子入京朝見。濞子跟景帝是堂兄弟，關係很親近。濞子入京後，有一天，跟景帝下棋，發生爭執，景帝居然拿起棋盤擲過去，將他砸死了，使濞慘遭失子之痛，而悲憤塡膺，含恨在心，終於導致日後的吳、楚七國之亂④。又景帝未登基時，曾跟梁王一起乘車入朝，經司馬門不下車，觸犯禁律，被執法公正的公車令張釋之追上阻止糾正，劾爲「不敬」，後經薄太后出面干涉，予以特赦，才告平息此事⑤。此外，荒唐的是他做了皇帝後，在後宮跟妃嬪淫褻，竟可容郎中令周仁在旁觀賞，而無所忌諱⑥，實在有悖常理，令人費解。綜上所述，可知景帝自小至大，不是一個拘禮守法之人，應可確定。當然，跟文帝相比，不可相提並論，計以道里。

寃死三臣

景帝是個很沒政治擔當的人，所以當其心腹鼂錯為劉家江山著想，建議他削減諸侯封地時，他是滿心歡喜，接納下來；可是，一經實施，卻引發吳、楚七國之亂，搞得他焦頭爛額，下不了臺。最後，沒想到他竟聽信鼂錯死對頭袁盎的借刀殺人之計，以為殺了錯，即可消弭七國之亂。於是，不久在倉卒中便將穿著朝衣的錯綁至東市斬首，將責任推得一乾二淨，殊不知事情並沒那麼單純，吳、楚七國之所以背叛，遠因是景帝早年殺了吳王濞之子，濞欲藉機報仇；近因是景帝平素為人刻深，逼得七國只有造反一途。其事至明，其理甚淺，無怪錯雖被誅，而七國作亂照舊，最後幸虧文帝留下來的將領周亞夫、竇嬰等人出力，才將此戰亂敉平⑦。又景帝之后王氏，打算封其兄王信為侯，被丞相條侯周亞夫當廷反對，所持的理由是「高皇帝約：非劉氏不得王，非有功不得侯。不如約，天下共擊之。今信雖皇后兄，無功。侯之，非約也。」⑧。平心而論，這個理由不可謂不堂皇，不能說不正大，逼得景帝只好默然而止，然而景帝並不感念亞夫謀國之忠，規諫之誠，卻於不久藉著亞夫之子為其父購買五百副甲盾做葬器，不予傭工之錢，而傭工誣告其子謀反一事，竟將功勳彪炳的亞夫關進牢裡，使他不勝憤懣，絕食而死，宜乎太史公為他深抱不平，而在〈絳侯世家〉的結尾要記上這幾句話：「條侯果餓死。死後，景帝乃封王信為蓋侯。」⑨將個中的關鍵揭示出來，無疑是春秋之筆，一言中的。景帝有個兒子名叫榮，在景帝前四年，封為皇太子；四年後，被廢，出為臨江王。景帝中四年，榮犯了侵佔宗廟外牆之罪，被召回京。榮至京師，囚於中尉府，由人見人畏的酷吏郅都審理該案，使榮不勝惶恐而自殺，被葬在藍田，可見景帝對榮毫無親情，何其冷酷！感情豐富的太史公目睹這幕悲劇，能不感慨！於是，就在〈五宗世家〉臨江王的傳末記載以下數語：「燕數萬，銜土置冢上。百姓憐之。」⑩以示無限同情。朱翌說：「史書如此，非志怪也。以言禽獸憐之，人不如也。」⑪言念及此，不由哀歎。綜上所述，其殺鼂錯，折辱亞夫，逼死親子，實非賢者所當為。因此，王世貞說得好：「景有三冤臣焉：大夫錯、丞相亞夫、臨江王榮。嗚呼！文德遠矣。」⑫眞是洞察細微，別具隻眼。

褊狹記仇

景帝為人褊狹，很難跟他相處。《史記・儒林列傳》中說他「不任儒者」⑬。意思是說他不用讀書人。為什麼？因他不願受禮儀束縛。他做太子時，文帝選石奮做他老師。奮是個篤守禮法、規規矩矩的人，雖沒什麼才幹，但卻以恭謹著稱。迨景帝即位，奮官至九卿，跟他接觸機會很多，且不改昔日教導他的常度，使景帝不耐，很有壓迫感。於是，就將他外調爲諸侯相，好使自己放縱些。他對一手調教他的老師尚且不能相容，更何況是別人了⑭。又前面所說他做太子時，曾被張釋之劾爲「不敬」，後由薄太后所赦而免罪，然而他並不因此悔改自飭，卻反而對釋之記恨在心。因此，當他踐祚後，釋之便怖懼不已。後來釋之只好採用長於黃、老之術的王生之計，以辱爲榮，導演一幕由王生當廷囑釋之替他結襪的假戲，使釋之飽受一頓羞辱，藉因容忍而獲美名，好使景帝不便遽下毒手，倖免於難⑮，用心良苦，該多險！然而事情並沒從此了斷，景帝卻將這筆舊帳轉記到釋之的後裔身上，致其子張摯官僅至大夫而解職，不由激發太史公的正義感，而爲他說了「以不能取容當世，故終身不仕」⑯這句公道話。綜上所述，可知景帝褊狹記仇，胸襟極小，那能望高祖跟文帝的項背！

刻深寡恩

從《史記》各篇所載來看，景帝的施政是趨於嚴酷的。上有所好，下有所效，這是必然的因果關係，沒什麼好疑慮的。正因景帝爲人刻深，自然酷吏也就在他那個時代層出不窮。例如被人目爲蒼鷹的郅都、比虎還兇的寧成、暴酷驕恣的周陽由、用文深刻的趙禹等，都是他那個時代令人不寒而慄的酷吏⑰，使漢初崇尚寬厚的政風爲之一變，所造孽可謂至深至鉅。

酷吏接二連三地出現，當然，整個用人方針也就受此波及而有所變更。上有景帝的刻深，下有酷吏的嚴峻，使夾在中間的丞相就很難爲了，要不是沆瀣一氣，就是隨波逐流；否則，就無法安居其位，這是想當然的事。因此，當景帝即位之初，廉直的申屠嘉爲相，目睹鼂錯刻深，他擬先斬後奏，卻被景帝所阻，使他氣憤不已，嘔血而死。之後，景帝所用的丞相，計有開封侯陶青、桃侯劉舍，都沒有什麼才幹，只是丞相備員而已；同時，影響到其子武帝用相亦復如此⑱，跟高祖用蕭何，惠帝用曹參、王陵、陳平，高后用陳平、審食其，文帝用陳平、周勃、灌嬰、張蒼、申屠嘉，實不可同年而語。景帝生性寡恩，因此，他沒什麼寵臣。勉强要算的話，只有一個周仁；但比起文帝寵幸鄧通、趙談、北宮伯子，以及武帝喜愛韓王孫嫣、李延年⑲，實在差得太遠了；反之，他對其父遺留下來的寵臣鄧通卻由妒生恨，由恨成仇，想盡方法，將他逼死，倒是心蠻狠的⑳。職是，如要學景帝的優點，大概沒有佞幸可算是一項。再看《史記．文帝本紀》所載其下詔廢律、罪己、減刑、重祀、尙儉、納諫等，爲數至夥，不一而足，而〈景帝本紀〉則全然付闕，了無所見。董份說：「孝文紀備載詔令德澤，而景紀止書年月，贊中亦止及七國一事。蓋景帝不及文帝遠甚，意固有在也。」㉑言簡意賅，很可做此明證。綜上所述，可知景帝的刻深寡恩是顯而易見的。

結語

文、景二朝，固爲歷史上富庶安定的時代，可做美談；不過，景帝的爲人到底是好是壞，實不容相混而不辨。讀史須明眞相，始能定其是非高下。筆者謹撰此文，旨在敬獻淺見，聊供參稽諟正，以免耳食者傳僞，道聽者塗說。

註

①見《史記會注考證》卷九、頁一九二。臺灣洪氏出版社。下同。
②見同前、卷一〇、頁二〇四。
③見同前、卷一一、頁二一〇。
④見同前、卷一〇六、〈吳王濞列傳〉、頁一一五九。
⑤見同前、卷一〇二、〈張釋之馮唐列傳〉、頁一一二八。
⑥見同前、卷一〇三、〈萬石張叔列傳〉、頁一一三六。
⑦分見同前、卷一〇一、〈袁盎鼂錯列傳〉、頁一一二四至一一二六；同註④、頁一一六四；卷一〇七、〈魏其武安侯列傳〉、頁一一六六。

⑧見同前、卷五七、〈絳侯周勃世家〉、頁八二三。
⑨見同前、頁八二四。
⑩見同前、頁八三二。
⑪見《史記評林》卷五九、〈五宗世家〉、頁一。臺灣蘭臺書局。下同。
⑫見同前、卷一一、〈孝景本紀〉、頁二。
⑬見《史記會注考證》卷一二二、頁一二八六。
⑭見同註⑥、頁一一三二。
⑮見同註⑤、頁一一二九。
⑯見同前。
⑰見同前、卷一二二、〈酷吏列傳〉。
⑱見同前、卷九六、〈張丞相列傳〉、頁一〇九七。
⑲同前、卷一二五、〈佞幸列傳〉、頁一三二三。
⑳同前。
㉑見同註⑪、〈孝景本紀〉、頁五。

析論韓信不造反

韓信造反，是件冤獄，是件天大的冤獄！

前言

韓信是個以德報怨的人，不可能造反

韓信宅心仁厚，素重情誼，怎會造反?試看太史公在《史記．淮陰侯列傳》中開始介紹韓信的姓氏、籍貫、出身後，緊接敍述其三件瑣事，然後再用下文來照應，即可顯示他不是一個見利忘義、狠毒叛逆的小人。現在先來看這三件瑣事的前段：

（韓信）常數從其下鄉南昌亭長寄食。數月，亭長妻患之，乃晨炊蓐食。食時信往，不為具食。信亦知其意，怒竟絕去。釣於城下。諸母漂。有一母，見信飢，飯信。竟漂數十日。信喜，謂漂母曰：「吾必有以重報母。」母怒曰：「大丈夫不能自食。吾哀王孫而進食，豈望報乎？」淮陰屠中少年，有侮信者，曰：「若雖長大，好帶刀劍，中情怯耳。」衆辱之，曰：「信能死，刺我；不能死，出我胯下。」於是，信孰視之，俛出胯下蒲伏。一市人皆笑信以為怯①。

右列第二件事，是說韓信受了漂母的賜食，表示日後必定好好報答，似可證明他是一個「受恩莫忘」的人。或許有人會說，這只是出自一時感情的激動，任何人都會說出這番話，不足為奇，也不能就此證明韓信是一個「受恩莫忘」的人。這倒也是眞的，因世上過河拆橋的人原本很多，不能不令人生疑。那麼，再讓我們來看韓信功成名遂，佩紫懷黃後，對那些人又是怎樣呢？太史公的記述是這樣的：

漢五年正月，徙齊王信為楚王，都下邳。信至國，召所從食漂母，賜千金。

及下鄉南昌亭長賜百錢，曰：「公小人也。為德不卒。」召辱己之少年、令出胯下者，以為楚中尉，告諸將、相曰：「此壯士也。方辱我時，我寧不能殺之邪？殺之無名，故忍而就於此。」②

他賜漂母「千金」、亭長「百錢」，可知他是一個既重感情又知分寸的人。其次，他只說亭長是個「小人」，並責他「為德不卒」，可知他是一個不記前嫌的人，而且認為為德必須有始有終。再看，他對一個曾經當衆給他莫大侮辱的少年又是怎樣？依韓信當時的權勢來看，將他殺了，是輕而易舉的事，眞是連吹灰之力都不須費；可是，他並沒有這樣做，反而給他官做，而且做了不小的官。從以上這些處置來看，可充分顯示他是一個以德報怨的人。茲以傳統的道德尺度來論，「以直報怨」，是最適當而不過的，然而人畢竟是自私的動物，果眞能做到這點，已是相當不錯的了。至於要做到「以德報怨」，那就非常不易，而韓信卻做到了。準此而論，太史公不是在明白告訴我們像韓信這樣的人是不會造反的嗎？而韓信最後被殺的罪名是「造反」，那顯然是官方誣控不實之辭，純屬「莫須有」，實是天大的冤獄！

韓信如要造反，早在武涉、蒯通游說之時，就該造反

有兵有勢的時候不造反，卻在沒兵沒勢的時候造反，天下那有這個道理！即使最笨的人也都不會這麼做，何況韓信是個聰明人！楚、漢相爭，劉邦在軍事上始終居於劣勢，是個顯明的事實，一直到韓信登壇拜將後，情勢才有所轉變，所以劉邦最後打敗項羽，韓信是出過大力的。例如《史記．高祖本紀》：「五年，高祖與諸侯兵共擊楚軍，與項羽決勝垓下。淮陰侯將三十萬，自當之。……淮陰侯復乘之，大敗垓下。」③〈留侯世家〉：「漢王乃遣隨何說九江王（黥）布，而使人連彭越。及魏王豹反，使韓信將兵擊之。因舉燕、代、齊、趙，然卒破楚者，三人力也。」④以及淮陰侯本傳：「漢王之困固陵，用張良計，召齊王信，遂將兵會垓下。」⑤這些都是最好而有力的佐證。進一步來看，當時韓信的兵力到底強到什麼地步，權勢到底大到什麼程度，我想以項羽失去大將龍且，心生害怕，派盱眙人武涉游說韓信叛漢的一段話，最能看出：

今足下雖自以與漢王爲厚交，爲之盡力用兵，終爲之所禽矣。足下所以得須臾至今者，以項王尚存也。當今二王之事，權在足下。足下右投則漢王勝，左投則項王勝。

項王今日亡，則次取足下。足下與項王有故，何不反漢，與楚連和，參分天下王之？

今釋此時而自必於漢以擊楚，且爲智者固若此乎⑥？

換句話說，只要韓信稍有一點私心，就可三分天下有其一。再以當時的戰績來看：項羽戰勝劉邦，韓信克項羽。以此而論，則當數韓信第一，項羽次之，劉邦居末，最後成天下的，極可能是韓信而不是項、劉，然而韓信卻絲毫不動心，回絕說：

臣事項王，官不過郎中，位不過執戟。言不聽，畫不用，故倍楚而歸漢。漢王授我上將軍印，予我數萬衆，解衣衣我，推食食我，言聽計用，故吾得以至於此。夫人深親信我，我倍之，不祥。雖死不易，幸爲信謝項王⑦。

當然，在兩國相爭的緊要關頭，項王派武涉勸韓信叛漢，而韓信逡巡不前，有所顧忌，是在所難免的。因怕稍一不愼，中了對方的圈套，也就一著錯，滿盤輸，屆時再悔，爲時已晚。至於齊人蒯通在一無所爲的情況下勸韓信造反，而他仍不心動，那就可以確信他對劉邦的盡忠是絕無可疑的了。以下是蒯通的說辭：

當今兩主之命，縣於足下。足下爲漢則漢勝，與楚則楚勝。臣願披腹心，輸肝膽，效愚計，恐足下不能用也。誠能聽臣之計，莫若兩利而俱存之，參分天下，鼎足而居，其勢莫敢先動。夫以足下之賢聖，有甲兵之衆，據彊齊，從燕、趙，出空虛之地，而制其後，因民之欲西鄉，爲百姓請命，則天下風走而響應矣。孰敢不聽？割大弱彊，以立諸侯；諸侯已立，天下服聽而歸德於齊。案齊之故，有膠、泗之地，懷諸侯以德，深拱揖讓，則天下之君王，相率而朝於齊矣。蓋聞：天與弗取，反受其咎；時至不行，反受其殃。願足下孰慮之⑧！

這段話將天下大勢剖析得清清楚楚，一如後世諸葛亮的〈隆中對〉，條分縷析，識見超拔，何況前面已有武涉的一段說辭打了底；可是，韓信卻一味篤厚執著，聽不進去，回說：

漢王遇我甚厚：載我以其車，衣我以其衣，食我以其食。吾聞之：乘人之車者，載人之患；衣人之衣者，懷人之憂；食人之食者，死人之事。吾豈可以鄉利倍義乎⑨？

蒯通見韓信老念著劉邦的情分，毫不醒悟，就進一步舉出當時常山王張耳與成安君陳餘二人善始惡終的實例來說明，甚至搬出勾踐殺戮功臣的歷史來印證。他說：

足下自以爲善漢王，欲建萬世之業，臣竊以爲誤矣。始常山王、成安君爲布衣時，相與爲刎頸之交，後爭張黶、陳澤之事，二人相怨。常山王背項王，奉項嬰頭而竄逃，歸於漢王。漢王借兵而東下，殺成安君泜水之南，頭足異處，卒爲天下笑。此二人相與，天下至驩也，然而卒相禽者，何也？患生於多欲，而人心難測也。今足下欲行忠信以交於漢王，必不能固於二君之相與也。而事多大於張黶、陳澤，故臣以爲足下必漢王之不危己，亦誤矣。大夫種、范蠡，存亡越，霸勾踐，立功成名，而身死亡。野獸已盡，而獵狗亨。夫以交友言之，則不如張耳之與成安君者也；以忠信言之，則不過大夫種、范蠡之於勾踐也。此二人者，足以觀矣。願足下深慮之⑩！

這是蒯通就情分來論韓信跟劉邦的相交，以爲不如張耳跟陳餘；就忠信來論韓信跟劉邦的關係，以爲不及大夫種、范蠡跟勾踐，而希望他能辨明利害，有所警惕；不然，將遭毒手，至爲不值。所以明人袁黃論得好：「文種佐勾踐滅吳，吳滅而種誅；韓信佐漢高亡楚，楚亡而信族，龍準亦烏喙之雄哉！」⑪於是，蒯通就直接用功高震主的危殆來力諫韓信，以期他能採取行動，不要受制於人：

> 且臣聞：勇略震主者，身危；而功蓋天下者，不賞。臣請言大王功略：足下涉西河，虜魏王，禽夏說，引兵下井陘，誅成安君，徇趙脅燕定齊，南摧楚人之兵二十萬，東殺龍且，西鄉以報，此所謂功無二於天下，而略不世出者也。今足下戴震主之威，挾不賞之功，歸楚，楚人不信；歸漢，漢人震恐。足下欲持是安歸乎？夫勢在人臣之位，而有震主之威，名高天下，竊爲足下危之⑫。

這一段話說得非常深入，也很露骨，可說將韓信岌岌可危的處境分析得一淸二楚，然而善於謀人、拙於謀己的韓信卻謝絕說：「先生且休矣！吾將念之。」由於有韓信「吾將念之」這句話拖在後面，所以蒯通仍不死心，認爲將有轉機，緊接在幾天之後，又進說：

> 夫聽者，事之候也；計者，事之機也。聽過計失，而能久安者，鮮矣。……故知者，決之斷也；疑者，事之害也；審豪氂之小計，遺天下之大數；智誠知之，決弗敢行者，百事之禍也。故曰：猛虎之猶豫，不若蜂蠆之致螫；騏驥之跼躅，不如駑馬之安步；孟賁之狐疑，不如庸夫之必至也。雖有舜、禹之智，吟而不言，不如瘖聾之指麾也。此言貴能行之。夫功者，難成而易敗；時者，難得而易失也。時乎時，不再來！願足下詳察之⑬！

希望韓信能當機立斷，別開局面，以免稍縱即逝，追悔莫及，然而韓信卻忠誠篤實，堅定不移，自以爲「功多，漢終不奪我齊」，而「不忍倍漢」。所以宋人劉子翬有說：「韓信料敵制勝，可謂明矣。而不知帝之疑己，是天奪其鑒也。……故武涉、蒯通之言，如水投石焉。」⑭茲案太史公之所以將武涉、蒯通勸諫韓信背漢的話寫在傳裡，是有其作用的，即告訴我們所謂韓信造反這件案子，全屬冤枉。因韓信在最有利的時候不造反，卻在最失勢的時候造反，天下那有這個道理？顯然是說不通的，眞是「欲加其罪，何患無辭」？

韓信首次被誣造反，由楚王貶為淮陰侯

項羽被滅，漢五年正月，韓信被徙爲楚王。照理說，應是君臣共享富貴的時候，那知次年竟有人上書告韓信造反，該多突然！經過情形是這樣的：

人有上書告楚王信反。高帝以陳平計，天子巡狩會諸侯；南方有雲夢，發使告諸侯會陳，吾將游雲夢，實欲襲信。信弗知。高祖且至楚。信欲發兵反，自度無罪，欲謁上，恐見禽。人或說信曰：「斬（鐘離）眛謁上，上必喜，無患。」信見眛，計事。

眛曰：「漢所以不擊取楚，以眛在公所。若欲捕我，以自媚於漢，吾今日死，公亦隨手亡矣。」乃罵信曰：「公非長者。」卒自剄。信持其首，謁高祖於陳。上令武士縛信，載後車⑮。

從這段記載裡，可看出有人上書告韓信造反，是件非常曖昧的事。因告的人既無姓，又無名，是怎麼個造反法？種因爲何？都沒有交待，說它是樁無頭公案，應無不可。又劉邦這次巡狩，表面上是南遊雲夢，骨子裡卻是要襲擊韓信，而韓信在毫無戒備的情形下，還提著鍾離眛的頭到陳地去謁見劉邦，當然只有束手被擒一途；不過，由此也可證明韓信確是心中沒鬼，才坦然前往；否則，那會如此輕易落入陳平的詭計！再說，陳平此計也十分稀鬆平常，如韓信眞要造反，他的計也就無從施展，更不要說是得逞。問題是韓信壓根兒沒有造反的意思，甚至連一點企圖都談不上，所以才中了所謂的計，說來眞是替他抱屈。進一步來論，如果韓信眞有造反之意，興兵與劉邦對壘，以過去的戰績來看，劉邦、陳平被打敗，應是無庸置疑的。至於是否見擒於韓信，那就很難說了。因在歷次戰役中，劉邦免脫的經驗很豐富，如今再加上陳平的精靈，我想保住性命還是可能的。平心而論，陳平此計確是用得很糟，誠如明人程敏政所說：「呂氏之殺淮陰，千古共憤，而予以爲平實啓之，呂氏特成之耳。僞遊雲夢一言，使高帝爲無恩之王，元勳受無罪之誅，平亦不義之甚矣。」⑯眞是言簡意賅，切中其弊。韓信被擒，載於車後，說：

果若人言：「狡兔死，良狗亨；高鳥盡，良弓藏；敵國破，謀臣亡。天下已定，我固當亨。」上曰：「人告公反。」遂械繫。信至雒陽。赦信罪，以爲淮陰侯⑰。

「天下已定，我固當亨」，道出了韓信的冤屈，也說中了劉邦的心事。又「赦信罪，以爲淮陰侯」，在同書陳丞相世家裡也有相同的記載，只是少了一個「罪」字，這是很値得注意與玩味的，無怪日人中井積德要說：「反逆者，三族之罪也。豈可赦哉！赦信，以見其無罪也。」⑱綜上所述，可知韓信由楚王貶爲淮陰侯，實是被誣控造反使然；不然，劉邦怎能饒得了他！

韓信再次被誣造反，慘遭殺戮，是由呂后一手編導的

劉邦心固狠，畢竟對韓信還有一分念舊之情，一時下不了毒手，所以將他貶爲淮陰侯，幽居在京城，似乎也就沒事了；可是，事情並沒那麼簡單，心狠手辣的呂后卻放不過他，一定要將他除掉而後快。於是，相隔不到五年，陳豨造反的事竟牽連到韓信身上，而使他招致

族滅之禍，眞是變起倉猝，令人不勝駭異！據《史記》淮陰侯本傳所載，其原委如下：

陳豨拜爲鉅鹿守，辭於淮陰侯。淮陰侯挈其手，辟左右，與之步於庭，仰天歎曰：「子可與言乎？欲與子有言也。」豨曰：「唯將軍令之。」淮陰侯曰：「公之所居，天下精兵處也。而公，陛下之信幸臣也。人言公之畔，陛下必不信；再至，陛下之乃疑矣；三至，必怒而自將。吾爲公從中起，天下可圖也。」陳豨素知其能也，信之曰：「謹奉教。」

漢十年，陳豨果反。上自將而往。信病不從，陰使人至豨所，曰：「弟舉兵。吾從此助公。」信乃謀，與家臣夜詐詔赦諸官徒奴，欲發以襲呂后、太子。部署已定，待豨報。其舍人得罪於信。信囚，欲殺之。舍人弟上變，告信欲反狀於呂后。呂后欲召，恐其黨不就，乃與蕭相國謀，詐令人從上所來，言豨已得死，列侯羣臣皆賀。相國紿信曰：「雖疾，彊入賀。」信入。呂后使武士縛信，斬之長樂鍾室⑲。

以上所記，其疑有七：據《史記．韓信盧綰列傳》所載，陳豨之所以背叛，是因其賓客衆多，太過招搖，由趙相周昌進京上告，被查獲許多不法之事，遂聯合王黃等人造反，跟韓信一點關係也沒有。然則二文所記迥異，豈非自相矛盾？此其一。就算韓信曾跟陳豨商議謀反，也是極其機密的，要不是取之他倆供辭，是不可能外洩的，而他倆事實上也不可能有此供辭，然而太史公竟將它寫得活龍活現，煞有介事，則豈非有背實情，顯現破綻？此其二。陳豨兵變，以劉邦平素的猜忌成性、刻薄寡恩來看，是逆料中的事，而韓信一生高傲，目無餘子，據《史記》本傳所載，他羞與周勃、灌嬰等功臣元勳同列，甚至連當年在鴻門宴上一再被才氣蓋世的項羽稱爲壯士的樊噲也都不在他的眼下，則區區如陳豨又怎能使其垂青，而相與叛逆？此其三。韓信居長安，陳豨領鉅鹿，兩地相隔遙遠，這時韓信已徹底失勢，手上既無權，麾下又無兵，則將如何聯絡？又拿什麼去支援？此其四。說韓信假傳聖旨，赦放那些官府的囚徒跟奴僕，想帶領他們去襲擊呂后跟太子，則更是無稽之談，可笑之至。果眞如此，則置禁衞軍於何地？再者，單憑這些烏合之衆就能造得起反嗎？要知韓信是名將，不是狂夫，他那能如此冒失與無知？此其五。舍人得罪了韓信，由舍人之弟上告韓信造反，是否眞實，大有疑問，然而呂后竟不加思索，輕易採信，是豈理之常哉！此其六。韓信果眞造反，查有實據，呂后大可正式下令，將他逮捕，繩之以法，以警效尤，何必要利用提拔他的蕭何去誘騙他入宮呢？儻怕他拒不就範，猶作困獸之鬥，所以須將他誆進宮去，再加誅殺，則更是自欺欺人的話，令人實難苟同。因京師畢竟是重地，多少還有駐軍在，怎會連一個勢單力薄的韓信都對付不了呢？此其七。綜覽上述，可知所謂韓信造反，全是由呂后誣控而一手編導的，明眼人一看就知，何疑之有？至於呂后爲什麼一定要將韓信誆進宮去，始予殺戮？那是因爲誣衊他的造反之罪，很難下達，而一意孤行，勢將導致羣情嘩然，變亂迭起；反之，則可造成事實；事實既成，也就奈何不了她，而且韓信一死，無從對證，要按什麼罪，就按什麼罪，豈非一了百了！所以她必須這樣做，眞是狠毒到了極點。

以梁王彭越被誅為旁證，可明韓信不造反

劉邦平服陳豨，轉回京師，獲悉呂后已下毒手，韓信身死後，太史公用「且喜且憐之」五個字來形容他當時錯綜複雜的心情，眞是傳神寫實，恰到好處。由此也可看出韓信之被殺是劉邦所欣聞樂見的，所謂造反一事，全屬誣陷。關於這樁冤獄，我們可藉呂后日後用同一手法誅滅梁王彭越來作一旁證，即可昭然若揭，無所遁形：

十年秋，陳豨反代地。高帝自往擊，至邯鄲，徵兵梁王。梁王稱病，使將將兵詣邯鄲。高帝怒，使人讓梁王。梁王恐，欲自往謝。其將扈輒曰：「王始不往，見讓而往，往則爲禽矣，不如遂發兵反。」梁王不聽稱病。梁王怒其太僕，欲斬之。太僕亡走漢，告梁王與扈輒謀反。於是，上使使掩梁王。梁王不覺。捕梁王，囚之雒陽。有司治，反形已具，請論如法。上赦以爲庶人，傳處蜀青衣。西至鄭，逢呂后從長安

來，欲之雒陽，道見彭王。彭王爲呂后泣涕，自言無罪，願處故昌邑。呂后許諾，與俱東至雒陽。呂后白上曰：「彭王壯士。今徙之蜀，此自遺患，不如遂誅之。妾謹與俱來。」於是，呂后乃令其舍人告彭越復謀反。廷尉王恬開奏請族之。上乃可。遂夷越宗族，國除⑳。

觀此，可知彭越根本沒造反；彭越既沒造反，而韓信的情形跟他相同，自然也就不可能造反，這是最簡單不過的道理。職是，與劉邦同鄉、同年同月同日生、情踰手足、最後也背離他的盧綰說得好：「往年春，漢族淮陰；夏，誅彭越，皆呂后計。」㉑眞是洞明究竟，一針見血。

韓信「貪」、「驕」相循，導致其功高震主，終於遭到族滅之禍

韓信慘遭誣陷族滅，除劉邦、呂氏登位後妒才嫉能、好殺功臣外，其本身所犯過錯也是有的。茲依筆者淺見，計其大者有二，即「貪」與「驕」。當韓信聽從蒯通之計，攻克齊國，立下大功時，業具大將軍之尊，地位不可謂不高，權勢不可謂不隆，盡可待殲滅項羽

後，靜候封賞，然而他竟迫不及待派遣使者上告劉邦，討封齊王，使劉邦非常不悅；後雖勉獲允諾，卻已埋下日後族滅的禍種㉒。又劉邦跟項羽最後決戰時，韓信高居齊王之位，卻不奉令兵援，直到劉邦採張良之計，應允賜地韓信，信才出師援戰，獲致勝利，甚使劉邦有駕馭乏力之感㉓。以上二例，足見其「貪」。韓信擅長作戰，有「兵仙」㉔之稱，在楚、漢相爭之際，歷數衆將，當推其爲第一，然而當他被貶爲淮陰侯後，劉邦以天子之尊，跟他論爲將之道，他卻不知收斂，深自戒懼，竟侃侃而談，驕態畢露㉕，自然會益發引起劉邦的猜忌與妒恨。又韓信幽居京師，處境至危，理應韜光養晦，謙抑自退才是，然而他卻心懷怏怏，日夜怨望，並且自負不淺，羞與功臣名將爲伍㉖，氣燄仍高，當然會使他樹敵日多，譖愬紛沓。以上二例，足見其「驕」。貪、驕相循，迭出不已，就形成「功高震主」的態勢，而顯得處處孤傲特立，咄咄逼人，這對心地褊狹的劉邦來說，是「是可忍也，孰不可忍也」，宛如芒刺在背，尾大不掉，自須去之而後快，除之而後安。漢家爲臣，原本不易，再加上狠毒的呂后從旁助夫爲虐，殺戮功臣，於是，韓信當然只有背負不實的造反之名，身赴黃泉，飲恨而吞聲了。

結語

清人徐與喬說：「前半，敍（韓）信將略；後半，詳序齊人蒯通說詞及信答語，以深明信之不反也。（蒯）通語云：『時乎時，不再來』。蓋信反不反，決之此時也。此時不反，乃後與（陳）豨謀，信雖愚，不至此也。信死曰：『悔不用通計』亦正自明其冤。」㉗總之，韓信造反，是件千古冤獄，應是可以肯定的，也是可以確信的，所以善讀太史公之書者，自須前後參閱，多方思辨，才能洞悉其精微的識見。走筆於此，不由慨然歎說：是獄也，何其冤哉！

註

①見《史記會注考證》卷九二、頁一〇六四。臺灣洪氏出版社、下同。
②見同前、頁一〇七二。
③見同前、卷八、頁一七五。
④見同前、卷五五、頁八〇六。
⑤見同前、卷九二、頁一〇七二。

⑥見同前、卷九二、〈淮陰侯列傳〉、頁一〇七〇。
⑦見同前。
⑧見同前、頁一〇七一。
⑨見同前。
⑩見同前。
⑪見《史記評林》冊四、卷九二、〈淮陰侯列傳〉、頁九、引。臺灣蘭臺書局、下同。
⑫見《史記會注考證》卷九二、〈淮陰侯列傳〉、頁一〇七一。
⑬見同前、頁一〇七二。
⑭見同註⑪、頁一〇、引。
⑮見《史記會注考證》卷九二、〈淮陰侯列傳〉、頁一〇七三。
⑯見同註⑪、冊三、卷五六、〈陳丞相世家〉、頁四、引。
⑰見同註⑮。
⑱見《史記會注考證》、卷五六、陳丞相世家、頁八一四。
⑲見同註⑮。
⑳見同前、卷九〇、〈魏豹彭越列傳〉、頁一〇五八。
㉑見同前、卷九三、〈韓信盧綰列傳〉、頁一〇七八。

㉒見同前、卷九二、〈淮陰侯列傳〉、頁一〇六九至一〇七〇。
㉓見同前、卷七、〈項羽本紀〉、頁一五六。
㉔見同註⑪、頁一二、茅坤所言。
㉕見同註⑮。
㉖見同前。
㉗見《經史辨體・史部・淮陰侯列傳》。

《史》、《漢》平議

前言

晉張輔以太史公《史記》五十萬言敍三千年事，班固《漢書》八十萬言敍二百年事，煩省不同，謂班不如太史公①，然唐劉知幾予以辯駁，以爲太史公雖敍三千年事，其間詳備的，只有漢興七十多年而已，而班固敍述的全屬漢事，自較太史公用字爲多②。案準此而論，據字數的多寡來評年代記述的長短，以定二書優劣，未免籠統，有欠翔實，充其量，只能作一旁證而已，所以筆者認爲不妨從著述的義法、篇旨、去取、賓主來看二者允當與否，再論他們的優劣，似較客觀可信。

知義法，始得正變之例

明王鏊說：「《史記·董仲舒傳》不載〈天人三策〉，賈誼與屈原同傳，不載〈治安〉等疏，視《漢書》疏略矣」。③此說看來好像很有理，其實是不知太史公立傳的義法。案太史公立傳的義法是凡傳中人物有作品可傳者，以略而不載爲原則。如《史記》中的管仲、晏嬰、司馬穰苴、孫武、老子、孔子、墨子、孟子、荀子、孫臏、吳起、信陵君、商鞅、呂不韋、韓非、虞卿、陸賈等人，雖都有論著傳世，然太史公在各傳中卻一筆帶過，不加贅述。因他是爲這些人寫傳，不是替這些人解讀作品，除非某些人的作品在當代是顯學，日後未必可傳，他就會著墨敍述，以免湮滅可惜。像戰國齊地三騶子，尤其騶衍的陰陽之學，在〈孟子荀卿列傳〉中占了相當多的篇幅，甚至超過孟、荀二人的正文。時至今日，事實證明太史公的見識是高明的。因騶衍「五德終始」之學果不傳，而孟、荀二學的昌明尤盛於昔，宜乎明凌約言讚該傳：「布置之高，旨意之深，文詞之潔，卓乎不可尚矣！」④至於宋眞德秀以爲「孟、荀傳不正言二子，乃旁及於諸子，此亦變體也」⑤，其說則似是而非，有待商榷。因該傳中引用相當多的騶子之說，是用來襯托孟、荀二子堅守正學，抗拒利誘，不爲勢屈，有功於儒學，屬文章取材與布局的問題，跟義法無關，所以我說眞氏之見「似是而非，有待商榷」。接著，看《史記・老子韓非列傳》中太史公引用韓非〈說難〉一文，倒是有別於太史公立傳的義法，可以「變例」視之。案太史公引韓非的〈說難〉，旨在藉韓申論遊說之難，以明如何揣摩人主之意；韓之正反議論，詳加剖析，可謂精於遊說之道，深得個中三昧，就韓非言，是說難而實不難，然結果卻不免爲李斯所讒，毒死獄中，太史公對他有無限惋惜，也有無限譏刺，是「善於謀人、拙於謀己」的具體寫照。清湯諧即明其中之意，評說：「非直爲死於說難，意中言外，猶有深悲焉，悲讒人之罔極也，韓子之智而不能自脫於讒也。」⑥又高塘說：「至〈說難〉一篇，指事類情，窮形盡變，摘發深遠極矣，而筆力縱橫奇宕，尤不可方物。」⑦二者善讀《史記》，論列頗有見地。由此觀之，太史公寫韓非，採其〈說難〉一文，自有深義，不得不爾。此就太史公照例不引傳中人物之文的義法來看，可以「變例」視之。或許有人會提出疑問說，〈司馬相如列傳〉中雜採相如之賦、文以成傳，可謂連篇累牘，極盡引用之能事，則又當何說？這是因爲相如文彩風流，冠絕當代，綜其所作又以諷諫爲主，且最重要的是相如之所以可傳，端賴其文。職是之故，太史公廣採其作，鋪敍成傳，豈其不宜？若就上述太史公的義法言，該傳也當歸屬「變例」。瞭解上述，回到本題，首先須知董仲舒在《史記・儒林列傳》中只是羣儒之一，並非單獨成傳，不載其〈天人三策〉，自有緣由，約而言之，有以下四端：不合太史公撰史立傳的義法，此其一；《史記・儒林列傳》以記儒學變遷與傳授爲主，董策與之渺不相涉，此其二；《史記・儒林列傳》歷記儒者多人，均有論著，然都不載一文，董策自也不能例外，此其三；全傳布局均匀，載入董策，則顯突兀，此其四。由此可見，太史公傳董仲舒，不載其〈天人三策〉，不是很適宜嗎？至於《史記》賈誼與屈原同傳，不載〈治安〉等疏，除有背太史公的義法，不予載錄外，賈誼是上承楚辭、下開漢賦的關鍵人物，綜其一生成就，在文學而不在政治，宛如屈原，全然相同，且二者並遭遷謫，身世堪憐，太史公除寄以同情，且兼寫己懷，設若該傳載〈治安〉等疏，豈不背離義法，旁枝雜出！進言之，《漢書》裡，董仲舒不入〈儒林傳〉，單獨成傳，作用不同，載其〈天人三策〉，自有需要，因此以《漢書‧董仲舒傳》載錄〈天人三策〉來批評《史記‧儒林列傳》不載該策爲疏略，怎麼說得過去？性質不同，怎能類比？《漢書》斷代爲書，屈原不入該書，賈誼單獨成傳，班氏在賈傳中錄其〈治安〉等疏，有何不可？不過，想一想，賈誼的成就到底在那裡？貢獻在何處？明白此點，我想《史記》不載〈治安〉等疏也就沒有什麼疑義了。總之，從撰史的義法來比較《史》、《漢》的高下，當可得其實。

審篇旨，才得分合之道

《史記》篇篇有主旨，取材、謀篇也都隨之變易。像淮陰侯韓信，是軍事天才，秦、漢以來最傑出的將領，明茅坤稱他爲「兵仙」，良有以也。韓未掌兵符前，楚、漢相爭，劉邦始終居劣勢，直到韓統率大軍，與項羽爭鋒，整個形勢才改變過來。再者，當劉、項二雄爭天下時，韓確有左右局面的本領與實力，可先併劉，再吞項，也可先翦項，再夷劉，全看韓有無此意而已，然韓卻對劉忠心不二，了無反意。因此，韓後來被呂后騙進宮裡，以謀反之罪，斬於長樂宮的鐘室，三族也慘遭殺戮，可說是件莫大的冤獄，深爲太史公所痛惜。於是，太史公爲他立傳，記到韓軍事勢力達到頂峯時，先後插入武涉、蒯通二大辯士力勸其自立爲王，三國鼎立，以爭天下，然都遭他婉拒。接著，在韓失勢後，幽居京師，卻記他聯絡各官府的罪犯與奴隸，打算一起來反叛。案此記述既無人證，又無物證，同時在常理上也說不通，在在告訴世人韓信造反不可信。韓被殺後，照理該傳應結束，然太史公卻加上蒯通被捕，與劉邦的一段對話，藉以點明韓信不造反之旨。全文結構嚴絲密縫，緊不透風，明眼人一看，即知韓之遭殺，全是「功高震主」使然。自來學者，淸人如馮班、徐與喬、方苞、湯諧、趙翼、劉何、梁玉繩、徐經、金錫齡，近人如姚永概、李景星等，均不信韓之謀反，紛抒己見，或評或論，或辯或駁，以明韓之冤，兼悲韓之死。由此可見，韓冤之所以日後昭雪，全仗太史公的微言。就此而論，以當代的史官，曲載當代的冤獄，使後世得以眞相大明，太史公的妙筆確發揮了極大的作用，宜乎明楊愼讚說：「此篇取譬反覆，極人情所難言，此文在漢初第一」⑧。迄於班氏，將該傳中的蒯通提出，加上一些其他資料，拼湊成文，與伍被、江充、息夫躬三人合傳，將太史公韓傳布局的精微糟蹋殆盡，無怪淸顧炎武說：「班孟堅爲書，束於成格而不及變化。且如《史記．淮陰侯傳》末載蒯通事，令人讀之感慨有餘味；〈淮南王傳〉中伍被與王答問語，情態橫出，文亦工妙。今悉刪之，而以蒯、伍合江充、息夫躬爲一傳，蒯最冤，伍次之。二淮傳寥落不堪讀矣。」⑨眞是一言中的，鞭辟入裡。又班爲蒯立傳，趙翼謂其不知惜墨，有負面影響，即「捨所重，而重所輕，且開後世史家一事一傳之例，宜乎後世之史日益繁也」⑩。所論甚是，足資警惕。至於，班將韓信與彭越、英布、盧綰、吳芮合傳，附以陳豨，益見其章法無度，令人扼腕！因韓信受誅於高祖十一年春，彭越見殺於同年夏，二雄並無叛逆之實，卻蒙不白之冤，至堪悲憐；英布、盧綰、陳豨先後被逼反叛，確有其事；吳芮於高祖定天下時，徙爲長沙王，此後即無所聞。論事功，吳難望韓、彭、英、陳之項背；論親密，又不及盧之於高祖。換言之，此六人，韓、彭爲一類，英、盧、陳爲一類，吳既不同於韓、彭，又相異於英、盧、陳。在此情形下，班將他們六人合爲一傳，誠不知其用意何在！反將韓信的冤獄弄得撲朔迷離，難明究竟，一如清邱逢年說：「韓信之反，馬作單傳，陽依成案而陰白其冤，班與黥、彭、陳、盧、吳合傳而以爲正反。」⑪太史公若地下有知，能不爲之氣煞？又像《史》、《漢》都有酷吏傳，然班將張湯、杜周從該傳中抽出，分別爲他們立單傳，使他倆在酷吏中除名，其間差別該多大！案張湯是個典型的酷吏，在整個酷吏史中是個承先啓後的巨猾，太史公在該傳行文中處處將他扣緊，饒不了他，充分展現史家的見識；杜周用法刻深，爲張湯所重，吏治完全學張湯，據太史公所評，其好殺成性甚於另一酷吏王溫舒。據此，班將他倆從〈酷吏傳〉中分出，實在沒道理，然據清王鳴盛的解釋是：「張、杜兩人，在子長輕薄之則可，豈料其子孫名臣相繼，富貴烜赫，自不便復入〈酷吏〉，故班氏不得已而升入列傳。」⑫殊不知一日為酷吏，則終身為酷吏，誰都不能除去他倆的惡名。進言之，果如王說，則跟「父債子還」有何兩樣？豈不成了交易行為？再說班屈於權勢，妥協性未免太强，怎是良史所宜為？綜上所述，班之分合失據，純是不明篇旨使然，而《漢》不如《史》，於焉可見。

明去取，方見史家功力

敍事說理，要在得體，文字詳略，猶在其次。身為史官，記傳立論，尤須掌握分寸，方見功力，太史公在這方面的表現顯較班固為優。像孝惠時，呂后掌控實權，匈奴冒頓遺書嫚罵呂后一事，《史記．呂后本紀》不載，僅在同書〈季布欒布列傳〉中說：「孝惠時，（季布）為中郎將。單于嘗為書嫚呂后，不遜，呂后大怒，召諸將議之。」書中嫚罵的內容，一字不提，輕輕帶過，趙翼以為是為當朝隱諱的緣故⑬。此說很有見識，當可信從。因呂后私生活原本不檢，與辟陽侯審食其有染，在《史記．呂后本紀》已見端倪：「乃以左丞相（陳）平為右丞相，以辟陽侯審食其為左丞相。左丞相不治事，令監宮中，如郎中令。食其故得幸太后，常用事，公卿因而決事。」又在〈酈生陸賈列傳〉說得更露骨：「辟陽侯幸呂太后，人或毀辟陽侯于孝惠帝。孝惠帝大怒，下吏，欲誅之。呂太后慚，不可以言。大臣多害辟陽侯行，欲遂誅之。辟陽侯急，因使人欲見平原君。平原君辭曰：『獄急，不敢見君。』乃求見孝惠帝幸臣閎籍孺，說之曰：『君所以得幸帝，天下莫不聞。今辟陽侯幸太后而下吏，道路皆言君讒，欲殺之。今日辟陽侯誅，旦日太后含怒，亦誅君，何不肉袒爲辟陽侯言于帝？帝聽君，出辟陽侯，太后大歡。兩主共幸君，君貴富益倍矣。』于是閎籍孺大恐，從其計，言帝，果出辟陽侯。」案紀、傳載錄呂后不守婦道，十分明顯，與審食其的奸情是公開的祕密，可說是盡人皆知，無人不曉。有此認識，匈奴冒頓辱罵呂后的信還有什麼好話可說？再說呂后是個女人，冒頓罵她的話能令她「大怒」，自然說得很難聽，應可不言而喻，實無轉載的必要，然班固卻不知去取，在〈匈奴傳〉中原文照錄，眞不知其尺度何在？因此，趙翼說：「班書則覼縷述之，並報書之醜惡，亦詳錄不遺，其無識更甚。遷之優於固，豈特在文字間也。」⑭這個論析很公允，然近人劉咸炘卻以「馬略而班詳」，裁斷該事，何其陋也⑮！又像《史記．高祖本紀》載說：「高祖爲亭長，乃以竹皮爲冠，令求盜之薛治之，時時冠之。及貴常冠，所謂『劉氏冠』乃是也。」這是件趣事，寫在高祖尚未發迹前，以狀其行止率意，不拘小節，頗可表現其個性，在人物描繪上是很成功的，班氏在《漢書．高帝紀》起首處原文照錄，甚是，然接著在高祖八年下補出「爵非公乘以上，毋得冠劉氏冠」，就顯得去取失宜，殊為不類。因這不涉朝廷典制，無關施政綱領，記在此處，有欠典雅，弄擰了太史公當初記載「劉氏冠」的原意，眞是畫蛇添足，莫此為甚！而明黃淳耀竟以為「此班密於馬」⑯，豈是有識之見！反之，《漢書》刪節《史記》，有未見其當見者。如《史記·高祖本紀》載垓下之戰，說：「淮陰侯將三十萬自當之。孔將軍居左，費將軍居右，皇帝在後。絳侯、柴將軍居皇帝後。項羽之卒，可十萬。淮陰侯先合。不利，卻。孔將軍、費將軍縱。楚兵不利。淮陰侯復乘之，大敗垓下。」文中有布陣，有戰況，架勢夠，軍容盛，隱約間，彷彿鼓聲動地而來，風雲為之變色，眞是「山雨欲來風滿樓」，「十面埋伏擒蛟龍」，扣人心弦，動人魂魄，這樣精彩逼眞的描述，班作〈高帝紀〉，竟予刪之，該多可惜！唐張守節說：「（班）固作《漢書》，與《史記》同者，五十餘卷，謹寫《史記》，少加異者，不弱即劣。」⑰又清浦起龍說：「（司馬）遷敍事多以詳入妙，班務從裁省，嘗有增損一二句、一二字，而頓失神理者。」⑱二說頗為精到，可作此解釋。總之，記史不易，去取為難，據此以較《史》、《漢》的優劣，應可判別。

別賓主，可見撰史得失

清蔣彤說：「古人稱史才。才者，裁也。序事有裁制之為難，其要唯在辨輕重而已。」

⑲《史記》雖是通史，然當太史公寫到漢七十多年事，由於某一事情往往牽涉多人，且這些人在《史記》中也都有傳，因此若不審於翦裁與組織，分入各傳，就會有重覆之累。進言之，即使某一事情牽涉多人，由於各人扮演的角色不同，擔負的任務有別，自會有賓主之分，輕重之別，因此撰史者若不能悉其異同，辨其本末，分別寫出他們不同的面貌與功能，就不能彰顯個中的精微與關鍵。有關這方面的處理，太史公的表現是令人讚歎的！「鴻門之宴」是楚、漢相爭一次極重要的聚會，攸關項、劉二雄的興衰成敗，因此太史公對它的敍述極爲用心。該宴之主爲項羽，賓爲劉邦；范增、項莊是項之屬下，張良、樊噲是劉之隨從；以重要性言，項爲最，劉爲次，餘又次之；以利害言，項爲刀俎，劉爲魚肉，餘則分別聽命二人。這樣的大事當然會在他們各人的傳中出現，在資料處理上自須有詳略之分，輕重之別，方能各如其分，恰到好處。由於該宴主角是項羽，所以太史公在〈項羽本紀〉中記載特詳，舉凡時間、地點、坐向、對話都有非常清楚的交代。至其重點則有「宴會起因」、「劉邦赴宴」、「范增設計」、「項羽舞劍」、「張良對應」、「樊噲闖帳」、「氣壓項羽」、「劉邦如廁」、「樊噲保駕」、「張良答謝」，太史公都有精彩的敍述，場次淸楚，脈絡分明，即使二千多年後的今天讀之，猶能讓人有身臨其境之感，誠如宋劉辰翁說：「敍楚、漢會鴻門事，歷歷如目睹，無毫髮滲漉，非十分筆力，模寫不出。」⑳從此可看出該宴的全貌，餘則可看也可不必看，然此次宴會對劉、張、樊來說，也都是大事一樁，不能不記，然劉邦此時

兵力薄弱，受制於人，處境艱難，甚爲狼狽，如在劉的本紀中詳述該事，就會顯得不甚得體，於是太史公僅淡淡地記他聽張良之勸，及時赴宴而已。張良是不世之謀臣，屢爲劉邦出奇計，在鴻門宴中的肆應，只是小試牛刀而已，對其一生事功來說，算不了什麼，所以太史公在張的世家中只是略述他帶楚臣項伯見劉邦，勸劉赴宴罷了。樊噲狗屠出身，原是老粗一個，沒想到在鴻門宴中突發神威，頭髮上指，目眥盡裂，虎虎有生氣，連才氣過人、力能扛鼎的項羽都被他唬住了，急中生智，保駕有功，是他一生中最奇特而可貴的一刻，所以太史公在樊傳中有較多著墨，尤其記說「是日，微樊噲犇入營，譙讓項羽，沛公事幾殆」，更是表彰樊功，不失史筆。從劉、張、樊三人的記述中，可知他們各司其事，與〈項羽本紀〉的鴻門宴可合而觀之，既可互補，又可避免重覆，開史家前所未有的筆法，是何等的天分與功力！然迄班固爲項羽作傳，將太史公鴻門宴的記述多所刪節，使全文爲之失色。尤可嘆者，是班將鴻門一段移〈高帝紀〉，使劉之窘態畢露無遺，頓失輕重之置，是豈撰史之法？班之不明「互見例」有如此者，所以就賓主之分來辨別《史》、《漢》的得失，應是良法。

結語

筆者好《史記》，撰此拙文，純就其與《漢書》作一比較，明其異同，以得其實，斷無厚

《史》薄《漢》之心，重馬輕班之意。本文各段呈現《史》優於《漢》，馬高於班，乃就事論事，詳加分析，參以歷代前修之說而得之，絕無預設立場，有所偏袒，而崇《史》抑《漢》，譽馬貶班。《史記》爲通史不朽之作，《漢書》變其例爲斷代史，別開蹊徑，另創天地，又其組織整齊，辭彩可觀，差可比肩《史記》，睥睨羣史，亦史書之傑作，自不可等閒視之，妄加輕詆，然宋鄭樵以龍喻太史公，豬喻班固㉑，則未免太過主觀，失於過刻，是實筆者斷不敢爲；唯據以上析論，張輔以文字多寡定《史》、《漢》優劣，作爲旁證，則可採信，應無可疑。至究班之所以不如太史公，筆者認爲宋陳傅良說的「孔子作《春秋》，一字無間然者，非獨用功深也，易其心而後語，權衡自平耳。後之秉筆者，宜書輒不書，不宜書輒書，是其咎安在？如班孟堅史，視司馬子長加精察，而竟不能過，往往有愧色，亦豈力不足歟」㉒！很能切中肯綮，可作此詮釋。

註

①見《晉書》卷六〇〈張輔列傳〉、頁一一〇五。臺灣藝文印書館二十五史本。
②見《史通》卷一六〈雜說上〉、頁一七。四部備要。臺灣中華書局。
③見《震澤長語》卷下、頁三。叢書集成、寶顏堂祕笈第十九。臺灣藝文印書館。
④見《史記評林》卷七四、頁五所錄。臺灣蘭臺書局印行。

⑤見《文章正宗》卷二〇、頁五九四。景印文淵閣四庫全書、集部二九四。臺灣商務印書館。
⑥見《史記半解・老莊申韓列傳》。康熙刻本。
⑦見《史記鈔》卷三〈老莊申韓列傳〉。乾隆五十三年刊本。
⑧見《史記題評》卷九二。明嘉靖十六年胡有恆刻本。
⑨見《日知錄》卷二六、頁九六六。景印文淵閣四庫全書、子部一六四。臺灣商務印書館。
⑩見《陔餘叢考》卷五〈史記四〉。甌北全集本、光緒中刊。
⑪見《史記闡要・班馬優劣》。北京圖書館藏鈔本。
⑫見《十七史商榷》卷六、頁四六。臺北鼎文書局。
⑬見同註⑩。
⑭見同註⑩。
⑮見《漢書知意・匈奴列傳》。一九三七年成都尚友書塾本。
⑯見《陶庵全集》卷四〈史記評論〉、頁六八二。景印文淵閣四庫全書、集部二三六。臺灣商務印書館。
⑰見〈史記集解序注〉。瀧川龜太郎《史記會注考證》引。
⑱見《釀蜜集》卷二〈班馬異同〉。光緒二十七年刊本。
⑲見《丹棱文鈔・上黃南坡太守論志傳義例書》。常州先哲遺書本。

⑳見《班馬異同評》卷一。明永樂間刻本。

㉑見《通志·總敍》、頁五。景印文淵閣四庫全書、史部一三〇。臺灣商務印書館。

㉒見《止齋集》卷四一、頁三四七〈題張之望文卷後〉。景印濟藻堂四庫全書薈要本。臺灣世界書局。

《史記》贊語對韓國漢文小說的影響

「太史公曰」為後世論贊立下椝矱

我國文籍中徵引作者自己或他人的話來論事述理，在《史記》之前，即已有之。如《春秋》三傳分別採錄「君子曰」、「公羊子曰」、「穀梁子曰」，以及《國策．趙策》援用「子義聞之曰」，都是最好的實例，足資說明，然而這些都是偶見散出，並沒有形成體例。直到炎漢龍門司馬遷撰《史記》，在文終之後，每每出以「太史公曰」，予以論列評斷，始成一規製，且波及後世，至深至鉅。例如《漢書》、《新唐書》、《宋史》、《遼史》、《金史》、《明史》的「贊曰」，《後漢書》、《南史》、《北史》、《元史》的「論曰」，《三國志》的「評曰」，《魏書》、《宋書》、《梁書》、《陳書》、《周書》、《隋書》、《舊五代史》的「史臣曰」，《晉書》、《南齊書》、《北齊書》、《舊唐書》的「史臣曰」與「贊曰」，都是踵武馬遷，步趨其例，儘管標稱容有不同，而實質並無軒輊，是實深受太史公的影響，應無可疑。

析論「太史公曰」之作用

《史記》在文末出以「太史公曰」，予以申論，而究其作用，約有十耑：一、補逸事，二、敍遊歷，三、寄褒貶，四、評得失，五、記奇異，六、攄感慨，七、明成敗，八、辨誣妄，九、論因果，十、足文獻。

補逸事：有些事得之於傳聞，記在正史裡，頗爲不類；若闕而不載，則又懼其散失可惜，在這樣的情形下，將它記在文末的論贊裡，不失是一種補救的方法。該書〈魏公子列傳〉太史公曰：「吾過大梁之墟，求問其所謂夷門。夷門者，城之東門也。」即是其例。

敍遊歷：太史公博極羣書，行迹遍天下，致使其文得與事實相徵，益增其可信度。該書〈齊世家〉太史公曰：「吾適齊，自泰山屬之琅邪，北被于海，膏壤二千里，其民闊達多匿知，其天性也。」即是其例。

寄褒貶：太史公生於史學之家，深受其父浸染，再加上他稟賦高超，所以對人事的褒貶，別具隻眼，絕非後世史家可望其項背。首論其褒，該書〈孔子世家〉太史公曰：「天下君王，至于賢人，衆矣。當時則榮，沒則已焉。孔子布衣，傳十餘世，學者宗之，自天子王侯，中國言六藝者，折中於夫子，可謂至聖矣。」次論其貶，其〈張儀列傳〉太史公曰：「三晉多權變之士。夫言從衡彊秦者，大抵皆三晉之人也。夫張儀之行事，甚於蘇秦，然世惡蘇秦者，以其先死，而儀振暴其短，以扶其說，成其衡道。要之，此兩人眞傾危之士哉！」即是其例。

評得失：太史公識見明銳，論斷得失，無不洞明究竟，切中肯綮。首論其得，該書〈匈奴列傳〉太史公曰：「堯雖賢，興事業不成，得禹而九州寧，且欲興聖統，唯在擇任將相哉！唯在擇任將相哉！」次論其失，該書〈袁盎鼂錯列傳〉太史公曰：「鼂錯爲家令時，數言事不用，後擅權多所變更，諸侯發難，不急匡救，欲報私讎，反以亡軀，語曰：『變古亂常，不死則亡。』豈錯等謂邪！」即是其例。

記奇異：太史公好奇異，形之筆端，無不奇峯特起，曲折有致，所以在論贊裡或予提及，以存其珍貴可寶。該書〈留侯世家〉太史公曰：「學者多言無鬼神，然言有物。至如留侯所見老父予書，亦可怪矣。」即是其例。

攄感慨：太史公爲李陵辯誣，身下蠶室，慘遭腐刑，所以當他每寫悲劇性的人物時，無不以此自況，感慨良多，形之於文，益增其可觀性。該書〈游俠列傳〉太史公曰：「吾視郭解，狀貌不及中人，言語不足採者，然天下無賢與不肖，知與不知，皆慕其聲，言俠者，皆引以爲名。諺曰：『人貌榮名，豈有旣乎？』於戲惜哉！」即是其例。

明成敗：唐太宗說：「夫以銅爲鏡，可以正衣冠；以古爲鏡，可以知興替；以人爲鏡，可以明得失。」歷史是一面鏡子，唯有瞭解曩昔治政的成敗，才能免蹈覆轍，這也就是《詩經．大雅．蕩》所說「殷鑒不遠、在夏后之世」的道理。太史公見事明，識理眞，所以他對政治的成敗，每有獨到的見解，爲常人所不及。該書〈南越列傳〉太史公曰：「尉佗之王，本由任囂。遭漢初定，列爲諸侯，隆慮離溼疫，佗得以益驕。甌、駱相攻，南越動搖。漢兵臨境，嬰齊入朝。其後亡國，徵自樛女。呂嘉小忠，令佗無後。樓船從欲，怠傲失惑。伏波困窮，智慮愈殖，因禍爲福。成敗之轉，譬若糾墨。」即是其例。

辯誣妄：歷史貴在存眞，唯有去誣袪妄，才能使眞相大明，而太史公不虛美，不隱惡，正是存眞的具體表現，所以其筆法足可直追《春秋》。該書〈蘇秦列傳〉太史公曰：「蘇秦兄弟三人，皆游說諸侯以顯名。其術長於權變，而蘇秦被反閒以死，天下共笑之，諱學其術，然世言蘇秦多異。異時事有類之者，皆附之蘇秦。夫蘇秦起閭閻，連六國從親，此其智有過人者。吾故列其行事，次其時序，毋令獨蒙惡聲焉。」即是其例。

敍因果：有此因，必有此果，這是必然的道理。說得再直截了當一點，其理一如「種瓜得瓜，種豆得豆」，沒有什麼好疑慮的。歷史離不開因果，所以太史公對此十分重視，而後人欲獲致教訓，自然也要以此爲著眼點，疏失不得。該書〈越王句踐世家〉太史公曰：「禹之功大矣！漸九川，定九州，至于今，諸夏艾安。及苗裔句踐，苦身焦思，終滅彊吳，北觀兵中國，以尊周室，號稱霸王。句踐可不謂賢哉！蓋有禹之遺烈焉。」即是其例。

足文獻：孔子是大史學家，曾感歎文獻不足，足則能徵杞、宋的故實，而太史公素以孔子自任，所以他對文獻的保存跟充實應是不遺餘力的，這在其贊語中可看得很清楚。該書〈日者列傳〉太史公曰：「古者卜人所以不載者，多不見于篇。及至司馬季主，余志而著之。」即是其例。

在此要聲明一點，即以上十種作用，可能單獨出現，也可能幾種同時出現，而筆者之所以分條敍述，只是爲了便於說明而已。

《史記》贊語對韓國漢文小說之影響

頃覽《韓國漢文小說全集》（中國文化大學、韓國精神文化研究院印行），發現其文終之後，也有所謂評論。茲彙總其形式，計有「太史公曰」、「太史曰」、「贊曰」、「論曰」、「史臣曰」、「史氏曰」、「總論曰」、「系曰」、「外史氏曰」、「野史氏曰」、「花史氏曰」、「梅花外史曰」、「花淑外史曰」、「副墨子曰」、「凰山子曰」、「桂巷稗史曰」、「伊山子曰」、「君子謂」、「經畹子曰」、「許子曰」、「閨人曰」、以及直接以第一人稱「余曰」等，其中以「外史氏曰」出現的次數最多，大概是爲了小說有別於正史之故吧！其所以有此形式，據筆者膚淺的看法，應是其寫作體例採用《史記》的紀傳體所致。有了這些實例，我們應該可以確信其受我國史記的影響，應是不成問題。形似未必實同，爲求更確信起見，茲特透視其作用來作一例證：

補逸事：梅花外史曰：「余十二歲游於村塾，日與同學兒喜聽談故。一日，先生語沈先生事甚詳，曰：『此吾少年時窗伴也，其山寺哭書時，吾及見之，故聞其事，至今不忘也。』又曰：『吾非汝曹，欲效此風流浪子耳。人之於事，苟以必得爲志，則閨中之女，尚可以致，況文章乎！況科目乎！』余輩其時聽之，爲『新說』也。後讀情史，多如此類，於是追記爲情史補遺。」（見《韓國漢文小說全集》、卷九、〈沈生〉、頁三〇四）**案**：此仿《史記・魏公子列傳》。

敍遊歷：「余屢過平山。平山東十里，馬堂里大路傍，西向乃兵使墓，其右十餘步即其妾塚，行人指點而誦其事，禹氏至今祀其庶母云」（見同前、卷九、〈朝報〉、頁三一一）。**案**此仿《史記・齊世家》。

寄褒貶：外史氏曰：「漢陰天分甚高，絕出流輩，自少有公輔之望，早歲蜚英，即罕有之功名。及其乞援天朝，宛若申包胥之秦庭七日哭，單舸赴賊，馳逐戰陣，屢經危險，而少不懾撓，非忘身殉國者，不能也。中興元勳，讓而不居，尤卓乎難及，宜其山斗名望，菀然爲社稷之臣也。」（見同前、卷八、〈塞程疾馳請援師〉、頁一四二）**案**此彷《史記・孔子世家》及〈張儀列傳〉。

評得失：副墨子曰：「噫！人之善惡，在乎天性，不在貴賤。故自古賢婦孝女，亦多出於微賤。由斯言之，人性之本善如此。鄭之三女，抑何心哉！雖然，記曰：『其嗟也可去，其謝也可食。』女既謝過，見之可矣。何必較短量長，終絕天親乎！」（見同前、卷九、〈三兄弟〉、頁三二八）**案**：此彷《史記・匈奴列傳》及〈袁盎鼂錯列傳〉。

記奇異：外史氏曰：「傳云：『求忠臣必于孝子之門。』然以一人而兼有忠孝之迹，亦罕矣。李公之替兄赴難，慷慨挺身，冒入敵陣，視死如歸，爲國殉節，已是難事，而且其英魂不泯，能救療親病，陸績之懷橘遺母，猶稱孝矣。況且現靈投橘，何其神異也。」（見同前、卷八、〈轉忠思孝投金橘〉、頁一三八）**案**：此彷《史記・留侯世家》。

攄感慨：外史氏曰：「栗谷之道學才識，即我東大賢，而養兵之論，又有鑑識之明。若當龍蛇之變，則必有弭亂之策。而天不祚宋，竟嗇其壽。祈禳之法，古亦有之，以武侯之才，未能避災於五丈原，河魁之墜，大運所關，奈何！」（見同前、卷八、〈老翁禳星話天數〉、頁九）**案**：此彷《史記・游俠列傳》。

明成敗：外史氏曰：「經云：『博奕猶賢乎己！』雖其末技，苟能通神而窮變，則必有得力處。申求止始也迹賤地微，如飯牛之甯，監門之侯，而乃逞其技，能成富厚，豈非才智之出類，而所謂隱於市者耶？惟彼二人自恃其才，謂莫己若而終底見敗，亦不量之甚者也。」（見同前、卷八、〈奕手逞術致橫財〉、頁二二二）**案**：此仿《史記・南越列傳》。

辨誣妄：外史氏曰：「余昔與竹帶先生好，恂恂如不能言者，乃唯竹帶先生獨能爲樊翁一聲，士其可知耶！先生固烈烈義士，乃其女亦節俠也哉！或曰：『其劍術疏。』非也。其志欲生劫之，若曹沫之於齊桓，故不遂殺也。」（見同前、卷九、〈竹帶先生傳〉、頁二六八）**案**：此仿《史記・蘇秦列傳》。

論因果：外史氏曰：「北史李士謙曰：『陰德其猶耳鳴，己獨知，人之無知者。今吾所作，人皆知之，何陰德之有？』邵康節詩曰：『人之爲善事，善事義當爲。莫問身之外，人知與不知。』金士人不恤自己之貧困，一傾裝而救四人之命，此陰德也、善事也，何論人之知與不知？而天知神知，宜其獲報而獲福也。」（見同前、卷八、〈救四命占山發福〉、頁一六二）**案**：此仿《史記・越王句踐世家》。

足文獻：外史氏曰：「余聞李廷楷事，久矣。但知其游於方外者，今得其槩於廷楷所親人，吁！亦奇矣。惜其常自韜迹，而年時稍久，說之又未詳也。昔范曄著方伎傳，凡異蹟人，無不收錄，以其關於世教也。如李廷楷者，亦方伎類而史家之可收者歟！」（見同前、卷九、〈李廷楷傳〉、頁二四六）**案**：此仿《史記・日者列傳》。

結語

綜覽上述，可知韓國漢文小說不論是形式或內容，受到《史記》贊語的影響，應是非常明確的，而這並非意味著韓國漢文小說的創造性不夠；倘若從另一個角度來看，韓國漢文小說正因受到《史記》贊語這麼深的浸漬，使其「警世」作用也就顯得格外特出；同時，也可看出該國漢文小說家對於歷史的重視，應是個好現象。然則，就整個層面來說，未嘗不是一個意外的收穫。當然，化民成俗的功效也就不難達到了。

國立中央圖書館出版品預行編目資料

話說史記：歷史興衰勝負的癥結／蔡信發著.
--初版. --臺北市：萬卷樓發行；三民總
經銷，民84
面；　公分
ISBN 957-739-139-7(平裝)

1. 史記-評論

610.11　　　84010333

話說史記

著　　者：蔡信發
發 行 人：許錟輝
總 編 輯：許錟輝
責任編輯：李冀燕
發 行 所：萬卷樓圖書有限公司
台北市和平東路一段67號14樓之1
電話(02)3216565・3952992
FAX(02)3944113
劃撥帳號15624015
總 經 銷：三民書局股份有限公司
台北市復興北路386號
訂書專線(02)5006600（代表號）
FAX(02)5164000・5084000
承印廠商：晟齊實業有限公司
定　　價：220元
出版日期：民國84年10月初版
出版登記證：新聞局局版臺業字第伍陸伍伍號

ISBN 957-739-139-7